# SEIDIR DDOE
## Atgofion drwy Ganeuon

*Plethyn a'r Golygydd*

# Seidir Ddoe

## Atgofion drwy Ganeuon

### LINDA GRIFFITHS

GOL: LYN EBENEZER

Gwasg Carreg Gwalch

Argraffiad cyntaf: 2017
Hawlfraint Linda Griffiths/Gwasg Carreg Gwalch

Rhif Llyfr Safonol Rhyngwladol:
978-1-84527-602-7

Cyhoeddwyd gyda chymorth Cyngor Llyfrau Cymru

Dylunio'r clawr: Eleri Owen

Cyhoeddwyd gan Wasg Carreg Gwalch,
12 Iard yr Orsaf, Llanrwst, Dyffryn Conwy, Cymru LL26 0EH.
Ffôn: 01492 642031
Ffacs: 01492 642502
e-bost: llyfrau@carreg-gwalch.com
lle ar y we: www.carreg-gwalch.com

Argraffwyd a chyhoeddwyd yng Nghymru

**Cydnabyddiaeth**
Diolch i Arwyn Groe, Menna, Cògs a Roger Llanfihangel-yng-Ngwynfa,
Anne fy chwaer, Amgueddfa Werin Cymru Sain Ffagan a
Rhiannon a Dewi am gymorth wrth gasglu'r lluniau ar gyfer y gyfrol hon.
Diolch hefyd i Roy a Danny am drafod y cynnwys a'u
hawgrymiadau gwerthfawr.

Cyflwynedig i
Lisa, Gwenno, Mari a Danny

# Cynnwys

# Seidir Ddoe

Mae'r haul yn uchel uwchben Rhos y Glasgoed,
Peiriannau'n lladd Gorffennaf yn y gwair,
Y belars pell fel gwenyn haf yn mela
A'r border bach yn llawn o Felyn Mair;
Hen ŵr het wellt a'i gribyn gyda'r gwrychoedd
A'r cogie bach yn chwarae gyda'r cŵn
A hogie'r picweirch wrth godi bêls i'r trelar
Yn gochel tynnu'r t'ranne gyda'u sŵn.

*Cytgan:*
*Tan y castan mae 'na gysgod,*
*Dan y cysgod, casgen glên;*
*Yfed seidir yn y gweirdir:*
*Mae'r ochneidiau'n troi yn wên;*
*O, am haf fel hafau Meifod,*
*Seidir ddoe yn troi'n siampên.*

Mae'r haul yn uwch a'r tawch yn las ar Bentyrch
A theulu'r tir yn dirwyn tua thre,
Mi ddaw'r llwyth olaf adre am y diwrnod
A hogle'r helm sydd heno lond y lle;
Mae tynnu at y bwrdd a'r sgwrs yn 'mestyn,
Mae tynnu coes y lodes rydd help llaw;
Ar Ben-y-bryn mae'r buchod yn diogi
A'r wennol ddwed na ddaw hi byth yn law.

Mae'r lleuad garu wedi codi'n felen
A'r nos sy'n gynnes dan ei golau hi,
Chwilio am y meillion yn y gweiriau
A chwilio geiriau yn dy lygaid di;

*Plethyn a'u rhieni ym mharti 10 oed y grŵp – parti'r 'picls clên'*

Melys fel afal yw awel dôl Mathrafal
A choban nos fel sidan ar y tir,
Ond Clychau'r Bugail sydd ar hyd y cloddie
Yn canu nad yw'r haf yn ddigon hir.

*Myrddin ap Dafydd*

Plentyn siawns oedd Plethyn. Ar hap y daeth i fodolaeth.
Mae yna duedd gan bobl i feddwl bod pawb yn Sir
Drefaldwyn yn canu. A hwnnw'n ganu Plygain, neu canu
'Plygien' fel mae'n cael ei alw ym Maldwyn. Ond a
ninnau'n bump o blant ar ffarm Pen-bryn, rhwng pentrefi
Pontrobert a Meifod, doedden ni ddim yn deulu cerddorol

traddodiadol. Roedd yna gantorion a hoffter o gerddoriaeth ar y ddwy ochr i'r teulu, ond doedd cerddoriaeth ddim mor bwysig â hynny i ni. Doedd 'na fawr o amser i bethau felly a deud y gwir. Y ffarm, a bywyd y ffarm oedd popeth. Ar wahân i'r capel a'r ysgol, fydden ni ddim yn canu o gwmpas y lle yn blant chwaith. Ddim yn dilyn eisteddfodau na dim byd felly. Dwi'n falch o hynny, achos allan yn chwarae ar y ffarm roeddwn i am fod. Dyna pam nad ydw i wedi ffitio'n gyfforddus yn y mowld eisteddfodol mae'n siŵr – fel cystadleuydd na fel beirniad.

Ro'n i'n blentyn bach digon od yn ôl Mam. Ddwedwn i 'run gair wrth neb. Roedd gen i duedd i edrych yn filain ar bobl oedd yn ceisio tynnu sgwrs efo fi. Roedd yn gas gen i dynnu llun ac yn rhedeg i ffwrdd petai rhywun yn anelu camera ata i. Mae'n debyg i Mam fy mherswadio i i gymryd rhan mewn eisteddfod leol pan o'n i'n fach, sef Steddfod Pontrobert a Meifod, trwy ddeud y byddwn i'n cael beic bach tair olwyn petawn i'n neud. Dwi ddim yn cofio cystadlu na sut hwyl ges i arni ond dwi'n cofio'r beic. Na, doeddwn i ddim yn blentyn cymdeithasol a siaradus. Ond yn ôl rhai, unwaith imi ddechrau siarad, wnes i ddim stopio.

Un o achlysuron cerddorol pwysicaf y flwyddyn i ni blant oedd y 'Cwarfod Bech' yng Nghapel y Gad gerllaw. Mi fyddai holl blant y fro yn cymryd rhan. Wnes i ddim serennu yn hwnnw, a doedd Roy fy mrawd, a chyd-aelod o Plethyn yn ddiweddarach, fawr gwell. Roedd yntau'n casáu canu'n gyhoeddus. Dwi'n cofio modryb i ni'n ceryddu Mam am adael i Roy ganu o gwbwl. Mi ddwedodd wrthi am ei gadw mor bell ag y gallai o'r llwyfan! Roedd 'na gystadleuaeth werin un flwyddyn ac mi ddysgodd Mam y gân 'Bwthyn Fy Nain' i fi. Dyna'r unig gân werin i Mam ei dysgu i fi erioed. Dim ond dwy ohonon ni oedd yn cystadlu, sef fi ac Eirlys Haul-y-fan yn canu 'Y Fwyalchen'. Eirlys enillodd. Mi fydda i'n dal i atgoffa Eirlys o hynny gan ddeud wrthi mai hi, nid y fi, ddylai fod yn canu.

Yn Ysgol Gynradd Pontrobert, ychydig iawn fyddwn i'n ei wneud ar fy mhen fy hun. Canu neu adrodd ambell i bennill, dim byd mwy. Ro'n i'n canu yn yr Ysgol Uwchradd yn Llanfair Caereinion hefyd, ond fel arfer fel rhan o barti neu gôr. Yna, wrth fynd yn hŷn, dechreuais fynd i gyfarfodydd Clwb Ffermwyr Ifanc Meifod. Roedd hwn yn glwb cwbl Seisnigaidd. Yn wir, ges i sioc pan ddes i'n hwyrach i Geredigion a gweld pa mor Gymraeg oedd y mudiad yno. Ond fel mae'n digwydd, gweithgareddau Clwb Ffermwyr Ifanc Meifod a arweiniodd yn anuniongyrchol at ffurfio Plethyn.

Roedd Pen-bryn yn un o glwstwr o ffermydd o amgylch croesffordd a elwid yn Top y Rhos. Roedd yna gefndryd a chyfnitherod inni'n byw yn y ffermydd o amgylch y groesffordd a ni oedd plant Top y Rhos. Roedd hi'n gymuned glòs iawn a theuluoedd y ffermydd fel un teulu mawr. Trwy'r Ffermwyr Ifanc yn bennaf, mi ddechreuon ni, a Jac Gittins, oedd yn byw ar ffarm Rhosfawr gerllaw, ddod at ein gilydd i ganu yn ystod ein harddegau, i gyfeiliant gitâr gan amlaf. Mi fydden ni'n canu cymysgedd o ganeuon gwerinol eu naws yn Gymraeg a Saesneg. Mi fyddai fy chwaer Anne a finne'n canu ambell i ddeuawd mewn nosweithiau o bryd i'w gilydd, rhai o ganeuon Huw Jones neu Bara Menyn hwyrach. Roedd caneuon yr Hennessys a'r Seekers yn ffefrynnau.

Mi fyddai 'na nosweithiau cymdeithasol yn neuadd y pentref ym Meifod, a phantomeim bob blwyddyn ac mi fyddwn i a Roy a Jac yn cymryd rhan, ond nid fel triawd bryd hynny. Mi fydden i'n canu ambell i ddeuawd efo Kath Penrhos, fy nghyfnither hefyd – caneuon Tony ac Aloma yn bennaf. Ar wahân i ambell gân Gymraeg gennon ni, roedd y gweithgareddau hyn bron yn uniaith Saesneg. Er ein bod ni'n byw ddeng milltir o'r ffin, roedd ffarm Pen-bryn ar y ffin ieithyddol yn llythrennol. Roedd yr ardaloedd i lawr y dyffryn tuag at Meifod, Y Trallwm a Chroesoswallt bron yn uniaith Saesneg. I'r cyfeiriad arall, tuag at Pontrobert, Llanfihangel-yng-Ngwynfa, a Llanfyllin, roedd yr ardal yn llawer mwy Cymreigaidd.

Doedd dim trefn sefydlog i'r holl beth ar y pryd, ond o'r fan hon y dechreuodd ac y datblygodd Plethyn yn raddol. Yn 1974 mi ddaeth galwad inni gynnal noson yn yr hen neuadd ym Mhontrobert, sy'n dŷ annedd erbyn hyn. Fel mae'n digwydd, dim ond fi, Roy, Jac a Kath ein cyfnither oedd ar gael y noson honno. Wedi hynny, daeth ambell i alwad arall yn lleol. Collodd Kath ddiddordeb ymhen ychydig fisoedd. Mi ddaliodd y tri arall ati i berfformio'n achlysurol yn lleol, ac yna'n raddol, y tu hwnt i ffiniau'r ardal, gan gynnwys dros y ffin wrth gwrs. Doedd yna ddim bwriad. Doedd yna ddim cynllun.

Yna dyma ddarllen yn rhywle yn ystod y cyfnod hwnnw fod Ruth Price o'r BBC yn mynd o amgylch Cymru'n chwilio am dalent ifanc newydd. Mi aethon ni lawr i dafarn y Cain Valley yn Llanfyllin lle'r oedd Ruth yn cynnal gwrandawiadau. Mi hoffodd Ruth y syniad o bobl ifanc yn canu caneuon gwerin yn null y Plygien. Doedd hynny ddim yn fwriadol, wrth gwrs. Dyna'r math o ganu oedd yn dod yn naturiol i ni. Cawsom wahoddiad i ymddangos ar y rhaglen deledu Twndish. Lawr â ni i'r BBC yng Nghaerdydd ar gyfer ein hymddangosiad cyntaf ar y teledu felly. Doedd o ddim yn brofiad pleserus ar y cyfan.

Roedd yn siwrnai hir ac mi fuon ni'n eistedd mewn ystafell wisgo am oriau cyn gwneud dim. I wneud pethe'n waeth, mi benderfynwyd, am ryw reswm, ein gwisgo ni mewn dillad o ryw oes o'r blaen. Pa oes? Anodd deud. Ro'n i mewn gwisg laes goch efo cortyn wedi'i glymu o gwmpas fy nghanol ac roedd y ddynes goluro wedi cyrlio fy ngwallt i fel helmed am fy mhen. Ro'n i'n edrych fel fersiwn fenywaidd o Friar Tuck. Do'n i ddim yn gwisgo unrhyw golur yn y dyddiau hynny, dim ond ychydig o mascara. Ond mi dreuliodd y ddynes golur oes yn plastro fy wyneb â thrwch o golur. Os oeddwn i'n edrych yn wirion, doeddwn i'n ddim o'i gymharu â Roy a Jac. Roedd y ddau'n gwisgo trowsus ffelt gwyrdd tynn. Mi chwerthais i gymaint fel i'r mascara doddi a llifo lawr fy wyneb. Bu'n rhaid i fi gael ail gôt o golur a doedd y ddynes goluro ddim yn rhy hapus.

Yna, yn 1977, cawsom wahoddiad i ganu yn Llydaw yng Ngŵyl Lorient. Yr enw oedd yn y rhaglen ar ein cyfer y flwyddyn honno oedd 'Meifod'. Dyma benderfynu felly bod angen enw arnon ni. Ac yno, ar y traeth ger Lorient un diwrnod, y bathwyd yr enw Plethyn. Mi gawson ni fynd yn ôl i Lorient y flwyddyn wedyn. Ac yna, yn 1979, y gwnaethon ni recordio'n halbwm gyntaf, *Blas y Pridd*, ychydig cyn Eisteddfod Caernarfon.

Un noson sy'n aros yn y cof i ni fel grŵp yw noson a gynhaliwyd yn Y Fic yn Llanberis yn ystod yr Eisteddfod honno. Roedd rhai o enwau mawr y byd pop Cymraeg yno, yn ogystal â nifer o wynebau adnabyddus o fyd y cyfryngau. Roedden ni'n nerfus iawn ond mi gawson ni dderbyniad brwd, a phobl yn ymuno yn y caneuon. Dyna wahaniaeth mae rhyddhau albwm yn ei wneud. Roedd pobl erbyn hyn yn gyfarwydd â'n caneuon ac roedd hi'n noson fythgofiadwy i ni. Roedden ni'n methu'n lân â deall bryd hynny pam roedd pobl am ein clywed ni'n canu, ac mae'n ddirgelwch i ni hyd heddiw a deud y gwir.

Dim ond 16 oed oeddwn i pan ddechreuodd y tri ohonon ni ganu yn 1974. Er bod yna adfywiad yn y sîn canu gwerin yng Nghymru yn ystod yr wythdegau, mi fyddwn i (a Roy a Jac dwi'n amau) wedi hoffi bod yn rhan o rywbeth mwy cŵl. Maen nhw'n deud bod ieuenctid yn cael ei wastraffu ar yr ifanc a doeddwn i ddim yn llwyr werthfawrogi'r profiadau a gefais ar y pryd gyda Plethyn. Roedd y ddelwedd o gantores werin yn un henffasiwn a neis-neis iawn ac roedd hynny'n brofiad anodd ar adegau. Roedd y ddelwedd gyhoeddus ohona i'n wahanol i'r hyn oeddwn i mewn gwirionedd. Doeddwn i ddim yn rebel o bell ffordd, ond o ddod i'm hadnabod mi fyddai'n gryn sioc i bobl ddeall fy mod i'n rhegi weithiau, yn yfed cwrw ac yn gwisgo jîns, fel y rhan fwyaf o ferched eraill o'r un oed. Am fy mod i'n gantores werin, roedden nhw'n dychmygu fy mod i'n byw mewn tyddyn, yn bwydo'r ieir a'r moch yn y bore, yn gwisgo brethyn cartref ac yn hymian hen alawon gwerin ddydd a nos.

Roedd y caneuon gwerin traddodiadol yn rhan annatod o *repertoire* Plethyn, ond roedden ni hefyd yn mwynhau cyflwyno caneuon newydd, ac yn hynny o beth roedd Myrddin ap Dafydd, ymhlith eraill, yn gymorth mawr. Mi ddois i adnabod Myrddin yn y Coleg yn Aber ac mi fyddai'n anfon geiriau ata' i'n weddol rheolaidd yn y blynyddoedd wedi hynny. Roedd gan Myrddin bethau i'w deud ac roedd Plethyn yn gyfrwng ar gyfer y deud hwnnw, felly mi dyfodd yn bartneriaeth fuddiol i'r ddwy ochr.

Un diwrnod mi ddaeth geiriau 'Seidir Ddoe' drwy'r post. Roedd Plethyn newydd ddathlu pen-blwydd yn ddeg oed yn nhafarn y Royal Oak yn y pentref. Yno mi gwrddodd Myrddin â Dad. Roedd yna fwyd ar y byrddau a dyma Dad yn digwydd deud wrth Myrddin,

'Tydi'r picls 'ma'n rhai mawr clên!'

Roedd Myrddin wedi dotio ar y syniad y gallai picls fod yn glên. I ni yn Sir Drefaldwyn, nid pobol yn unig sy'n gallu bod yn glên. Mi all pethe fod yn glên hefyd. Roedd Myrddin hefyd wedi bod yn Eisteddfod Powys ac wedi clywed rhywun yn deud,

'Tydi hon yn babell glên!'

O fan'na mae'r 'gasgen glên' wedi dod yn y gân. Mi fu Dad yn sgwrsio efo Myrddin am hen draddodiadau, gan gynnwys yr arfer o gael casgen seidir ar gyfer adeg cynhaeaf gwair. Mi fyddai hyn yn ddefod, a phawb wrthi'n yfed y seidir, gan gynnwys ni'r plant hefyd. Dwi ddim yn credu bod Dad a Mam yn meddwl am seidir fel diod alcoholaidd ar y pryd, ac roedden ni'n chwysu cymaint fel nad oedd yr alcohol yn cael unrhyw effaith beth bynnag. Seidir fyddwn i'n ei yfed fel myfyrwraig blwyddyn gyntaf yn Aber, nes i ffrind imi fy mherswadio i roi cynnig ar gwrw yn lle. Seidir ddoe'n troi'n 'bitter top' yn yr achos hwnnw felly.

Yr hyn sy'n rhyfeddol yw bod y gân mor fanwl gywir yn ddaearyddol. Pan gyfansoddodd Myrddin y geiriau, dim ond unwaith erioed roedd wedi bod ym Mhen-bryn. Ymweliad byr fu hwnnw, yn cael lifft gan Plethyn am ein bod yn cadw noson yng Nghlwb Gwerin Plas Maenan yn Nyffryn Conwy y noson honno.

Ond roedd hi'n fis Mehefin ac roedd Dad yn dechrau siarad am gynhaeaf gwair – yr hen gynhaeaf gwair, wrth gwrs, cyn oes y byrnau mawr a'r peiriannau mawr. Roedd angen dewis wythnos gyfan o dywydd braf i dorri, sychu a chwalu'r gwair ac wedyn roedd yn rhaid hel criw go dda i 'godi bêls' i'r trelar a'i ddadlwytho wedyn yn y sied wair. Gwaith caled a chwyslyd a thipyn o ras yn erbyn y tywydd yn aml, ond gan fod criw yn gweithio, byddai'n adeg hwyliog a chymdeithasol iawn hefyd.

Roedd Myrddin wedi arfer cario bêls ei hun ar rai o ffermydd Dyffryn Conwy ac mae wedi cynnwys rhai dywediadau tywydd a choelion 'hogie'r picweirch' yn y gân. Pan ddaeth o i Ben-bryn, a chlywed Dad yn trafod y cynhaeaf, yr hyn wnaeth ei daro oedd beth oedd blaenoriaethau Maldwyn: 'Well inni fynd lawr i'r Wynnstay i mo'yn casgen o seidir,' fyddai Dad yn ei ddeud. Yn Nyffryn Conwy, siarad am nôl digon o gortyn bêl a phinnau sbâr i'r belar fyddai'r ffermwyr, meddai Myrddin. Roedd cynhaeaf gwair gyda seidir yn y cae yn apelio'n fawr ato.

Mae ei ddarlun o'r cynhaeaf gwair yn berffaith. Mae'r llinell am 'yr haul yn uchel uwchben Rhos y Glasgoed' eto'n fanwl gywir. O Ben-bryn mi fydden ni'n edrych lawr ar Rhos y Glasgoed. A'r geiriau wedyn am 'yr haul yn is a'r tawch yn las dros Bentyrch'. Sut yn y byd wyddai Myrddin bod Pentyrch yn troi ei liw yr adeg honno o'r dydd? Dad yw'r 'hen ŵr het wellt', mi fyddai bob amser wrthi'n cribinio rownd y gwrychoedd rhag gwastraffu dim, a fi neu un o'n chwiorydd yw'r 'lodes rydd help llaw' mae'n siŵr. Roedden ni'n gweithio yr un mor galed â'r dynion!

Dros y blynyddoedd, mi ddaeth 'Seidir Ddoe' yn rhyw fath o anthem i ni, yn arwyddgan i Plethyn. Mae'n gân sy'n adlewyrchu ac yn crisialu hanfod Plethyn yn fwy na'r un arall ac yn dod at atgofion am hafau hir melyn y gorffennol yn ôl i ni a'n cynulleidfaoedd wrth inni ei chanu.

# Elfed

Be rown i am gael rhoi fy mraich amdano?
Be rown i am gael clywed cân neu ddwy?
Be rown i am gyfle i sibrwd diolch iddo,
    'Mond cael ei gwmni fymryn mwy?

Be rown am gael disgrifio'r storm sydd ynddo,
Am ddawn disgrifio fflach ei dân yn llawn?
Be rown am ddim ond un cyfarfod arall
    I wasgu llaw, ffarwelio'n iawn?

*Cytgan:*
*Aeth ei lwybr dros y bryn a'r Berwyn;*
*Daeth y niwl i lawr dros wyn y barrug;*
*A dwed yr afon wrth y ddôl*
*Na ddaw Elfed yn ôl*
*A'i bod hi'n wacach a bywiocach ar ei ôl.*

Be rown am fod 'di trefnu c'warfod bychan
Yn deyrnged iddo am ei wên a'i waith?
Er mwyn cael clywed 'Wfft – be wnes i, lodes,
    Heblaw dros werin a thros iaith?'

Ond gwn mai dim ond hyn a fyddai'n plesio
Fod Maldwyn 'dal i gadw'r ffin a'r co',
Fod canu cân mewn cwmni a'r Gymraeg yn chwerthin
    Ac ysbryd ifanc yn y fro.

*Myrddin ap Dafydd*

*Elfed yn cael hwyl efo cogie ardal Penllys
ar ei noson ffarwèl yn 1975*

Pan o'n i'n blentyn, mi ddaeth Elfed Lewys i fro fy mebyd fel corwynt a storm o fellt a tharanau. Mae hanes yn aml yn cyfeirio at y cyfnod cyn ac ar ôl rhywbeth. Dyna yw hanes ardal Llanfyllin a Llanfihangel-yng-Ngwynfa, sef cyfnod cyn-Elfed a chyfnod ôl-Elfed. Mi ddaeth. Mi adawodd. Tawelodd y storm ond fu dim byd yr un fath yno wedyn.

I Gapel Penllys y daeth Elfed yn weinidog gyda'r Annibynwyr. Enw swyddogol yr addoldy yw Capel Ebenezer ond Capel Penllys yw'r enw cyffredin arno. Penllys yw enw'r fro. Roedd dyfodiad Elfed yn sioc ddiwylliannol a chymdeithasol. Doedd o'n ddim byd tebyg i'r gweinidog traddodiadol ac roedd yn gymeriad anghonfensiynol a deud y lleiaf. Bu'n weinidog ym

Mhenllys am bedair blynedd ar ddeg ac er iddo adael ei ôl ar sawl rhan o Gymru yn ystod ei oes, does dim amheuaeth mai yn Sir Drefaldwyn y cafodd y dylanwad mwyaf. Un o'r pethau pwysicaf a wnaeth oedd sefydlu Aelwyd Penllys ac mi wnaeth hynny fyd o wahaniaeth i bobl ifanc y fro.

Pan o'n i'n bedair ar ddeg oed, mi gytunais i gystadlu ar ran Clwb Ffermwyr Ifanc Meifod yn Eisteddfod y Ffermwyr Ifanc, oedd yn cael ei chynnal yn Llanidloes y flwyddyn honno. Fel mae'n digwydd, Elfed oedd yn arwain y Steddfod y noson honno. Mi enillais y gân bop a dod yn drydydd ar yr alaw werin, ond mi glywodd Elfed fi'n canu'r gân werin a ddysgodd Mam i fi ar gyfer y 'cwarfod bech' yn y Capel, sef 'Bwthyn fy Nain', yr unig gân werin a wyddwn i ar y pryd.

Mi benderfynodd Elfed fod deunydd cantores werin ynddo'i. A dyna ni. Mi ddechreuodd fy nghynghori a'm hyfforddi. Doedd dim gwrthod i fod. Penderfynodd fy mentora, a'm hannog i fod yn fwy hyderus a chanu'n gyhoeddus. Mi fyddai'n dod i Ben-bryn byth a hefyd â chân werin i fi ei dysgu ar gyfer rhyw ddigwyddiad neu'i gilydd. Rhaid deud fy mod i'n edrych ar Elfed fel tipyn o niwsans bryd hynny. Ro'n i'n ferch ifanc bedair ar ddeg oed, a phethe gwell i'w gwneud na chael fy hyfforddi i ganu gwerin. Roedd yna geffylau i'w marchogaeth a ffrindiau i'w gweld. Dwi'n ei gofio'n dod i'r ffarm ganol gaeaf un tro pan o'n i ar fy ffordd lawr yr wtra i fwydo'r gaseg. Ro'n i'n gwisgo cap a hen gôt efo cortyn beilyr rownd fy nghanol ac mae'n amlwg bod yna olwg doniol iawn arna'i. Daeth Elfed allan o'r car a chwerthin nes bod y dagrau'n powlio lawr ei wyneb. Roedd ganddo chwerthiniad gwbl unigryw.

Mi fyddai'n fy ngyrru o 'ngho' weithiau. Mynd dros yr un hen beth dro ar ôl tro. A'r canu'n troi'n diwn gron i fi. Weithiau mi fyddwn i'n mynd yn rhwystredig ac ar adegau'n torri lawr a chrio. Mi fyddai'n difaru ei fod mor galed arna'i wedyn ac yn fy nghysuro gyda chwtsh mawr. Roedd hi'n anodd dal dig efo fo yn hir ac roedd o'n un da am roi cwtsh.

Mi ddysgodd Elfed gymaint i mi am ofynion ac arddull canu gwerin. Roedd yn deall y grefft i'r dim. Er nad oeddwn i'n gwerthfawrogi ei gyngor a'i gymorth ar y pryd, dwi'n sylweddoli erbyn heddiw imi gael y mentor canu gwerin gorau erioed.

Mi alwodd Elfed ym Mhen-bryn unwaith, a finne wedi troi fy mhigwrn ac yn teimlo'n reit ddiflas. A phob tro y byddai Elfed o gwmpas, mi fyddai 'na ryw gyffro yn yr awyr.

'Ry'n ni'n mynd lawr i Felinfach,' medde fo. 'Dere gyda ni.'

Nid gofyn, ond mynnu. A dyma fynd mewn bws mini efo Elfed. Yno hefyd roedd parti Plygien o'r ardal, Edith, Telynores Eryri, a Nansi Richards, Telynores Maldwyn. Pymtheg oed oeddwn i, yn rhy ifanc i sylweddoli pa mor freintiedig oeddwn i i fod yn y fath gwmni. Dwi'n cofio hercio i'r llwyfan i ganu 'Bwthyn fy Nain' a Nansi yn deud wrtha'i wedyn,

'Da iawn ti, bech ond mae gen i gyngor i ti'

Roedd y gân yn cloi efo'r llinell,

'... A'r mochyn yn y cwt ...'

Ro'n i'n dal y nodyn a'r gair olaf, gan feddwl bod hynny'n fwy cerddorol, ond dywedodd Nansi na ddylwn i neud hynny. 'Cwt' oedd y gair, medde hi, nid 'cŵt'. A dyna fi wedi cael gwers werthfawr gan un arall o fawrion ein traddodiad gwerin. Bob tro dwi'n canu 'Bwthyn fy Nain' dwi'n cofio am y noson y cwrddais â Nansi Richards a chael sêl ei bendith.

Mi berswadiodd Elfed fi i ymuno ag Aelwyd Penllys a fi oedd yr aelod ieuengaf ar y pryd. Er mai Aelwyd fach wledig oedd hi, roedd hi'n llwyddo i ddal ei thir yn erbyn Aelwydydd llawer mwy, dan arweiniad a dylanwad Elfed. Ymunodd Roy a Jac â'r Aelwyd yn fuan wedyn ac Elfed a roddodd gyfeiriad mwy pendant i Plethyn. Elfed oedd yn bennaf gyfrifol am ein hannog i ganu caneuon gwerin Cymraeg. Cyn hynny, rhyw din-droi oedden ni heb fod yn siŵr ble i fynd na beth i'w neud.

Yn 1973 cefais fy mherswadio gan Elfed i gystadlu ar y gân werin yn Eisteddfod yr Urdd. Trwy ryw wyrth mi lwyddais i gyrraedd y Genedlaethol ym Mhontypridd. Ond yno mi aeth fy nerfau'n drech na fi yn y rhagbrawf. Meredydd Evans a Phyllis Kinney oedd yn beirniadu ac er mor glên oedd y ddau, mi rewais i, gan golli rheolaeth dros fy llais. Fedrwn i ddim cynnal nodyn yn iawn ac mi benderfynais i bryd hynny nad oedd cystadlu ar y lefel yna'n fy siwtio i. Ac ar wahân i un achlysur yn Steddfod Powys, ac ambell i gystadleuaeth werin yn yr Eisteddfod Ryng-golegol yn nes ymlaen, dyna oedd diwedd fy ngyrfa fel cystadleuydd gwerin.

Yn yr un Eisteddfod, roedd côr mawr yr Aelwyd yn cystadlu. Ond cyn hynny roedd angen ymgynnull yn rhywle i ymarfer. Am ryw reswm mi ddewisodd Elfed wneud hynny ar y bont yng nghanol y dre. Roedd o wedi perswadio'r heddlu ymlaen llaw mae'n debyg. Roedd o'n un da am berswadio. A dyna lle roedden ni'n canu ar y bont a'r traffig bron â dod i stop. Mi aeth Elfed i gymaint o hwyl yn chwifio'i freichiau wrth arwain fel iddo fwrw'i sbectol, a honno'n hedfan drwy'r awyr.

Doedd wiw i ni chwerthin. Roedd Elfed o ddifri'. Mi allai fod yn ffyrnig ar adegau. Dwi'n cofio'r côr bechgyn yn canu yn Steddfod Gylch yr Urdd yn Neuadd Llanfair. 'Sosban Fach' oedd y gân. Roedd hi'n gân anodd a doedden nhw ddim wedi cael cyfle i'w dysgu'n iawn, ac mi aeth y gynulleidfa i chwerthin. Stopiodd Elfed y canu, troi i wynebu'r gynulleidfa a rhoi llond pen iddyn nhw. Dywedodd fod y bechgyn wedi gweithio'n galed ar ddarn anodd iawn ac mi ddylai fod cywilydd ar y gynulleidfa'n chwerthin am eu pennau nhw. Mi dawelodd pawb, ac ymlaen â'r canu. Mi enillodd y bechgyn yn y Genedlaethol y flwyddyn honno.

Roedd yn un anhygoel am feithrin hyder a thalent hefyd. Ac roedd ganddo ddawn arbennig i ysbrydoli. Dwi'n cofio ymarfer y gân 'Panis Angelicus', neu 'Bara Angylion Duw' gyda chôr merched yr Aelwyd rhywdro. Roedd ein perfformiad ni'n un ddigon dideimlad mae'n amlwg ac mi alwodd Elfed am dawelwch. Aeth ati i esbonio arwyddocâd y geiriau. Am Jacob a'i freuddwyd, am yr ysgol yn ymestyn i'r Nefoedd ac angylion yn esgyn a disgyn. Prin fedren ni ei glywed yn siarad, roedd yn sibrwd yn llesmeiriol a dwys. Yna,

'Nawr, canwch hi eto'

A ninnau'n gwneud, ond y tro hwn fel côr o angylion. Mi gafodd ei eiriau effaith ryfeddol arnon ni.

Dwi'n cofio ymarfer 'Bwrw dy faich ar yr Arglwydd' fel rhan o wythawd yr Aelwyd. Mi fynnodd Elfed ein bod yn cerdded o gwmpas y neuadd, pob un yn canu ei ran. Mi weithiodd yr arddull mae'n amlwg ac mi enillon ni efo'r wythawd y flwyddyn honno, nid am mai ni oedd y cantorion gorau ond oherwydd bod Elfed wedi llwyddo i gael y gorau allan ohonon ni fel cantorion. Dyna oedd ei ddawn.

Dwi'n cofio 'côr bech' yr Aelwyd yn dysgu 'Hwyrddydd Ebrill' gydag Elfed ar gyfer Steddfod yr Urdd eto. Mi ganodd y côr y gân honno yng ngwasanaeth coffa Elfed yn Llanfyllin, ac er bod blynyddoedd lawer wedi mynd heibio ers inni ddysgu'r gân, roedden ni wedi'n trwytho mor drylwyr fel bod pawb yn cofio pob gair a phob nodyn, a sut yn union roedd Elfed am inni eu canu. Roedd yn union fel petai o'n sefyll yno o'n blaenau yn ein harwain.

Mae yna lanw a thrai wedi bod yn hanes Aelwyd Penllys ond mae'n dal i fynd. Mae hynny'n wyrthiol bron mewn ardal sydd mor wledig, ac amryw o'r aelodau'n gorfod teithio o bellter. Ac er mai ffarmio yw'r prif weithgaredd, a'r tymhorau wyna a'r cynhaeaf yn galw, mae pobol ifanc yn dal i ddod.

Un a wnaeth gyfraniad mawr yn hynny o beth, ac oedd yn ffrind triw i Elfed a sawl un arall yn yr ardal, oedd Arwyn Tŷ Isa, neu 'Tyis' fel y bydde pawb yn ei alw. Pan ddechreuais i yn yr Aelwyd mi fyddai'n ffonio ac yn gofyn yn ei lais dwfn, unigryw,

'Wyt ti angen lifft i'r Aelwyd heno, lodes?'

Roedd ganddo hen fan Bedford ac roedd mynd yn honno'n dipyn o brofiad. Roedd y drysau'n sleidio ar agor bob ochr. Mi fydde fy ffrind ysgol gwallgof Dewi Duck, yn cael lifft hefyd, ac mi fydde Tyis ac ynte'n agor y drysau led y pen, yn neidio allan ac yn rhedeg bob ochr i'r fan yn canu 'Godro'r Fuwch' nerth eu pennau – a hynny tra'n bod ni'n teithio! Ond roedden ni'n mynd yn ara' deg ar hyd stretsh o ffordd wledig fel arfer, felly doedd o ddim cweit mor beryglus ac y mae'n swnio, ond peidiwch â'i drio fo adre! Tyis oedd asgwrn cefn Aelwyd Penllys ac roedd yn dal i roi lifft i bobl ifanc yr Aelwyd hyd ei farwolaeth yn Nhachwedd 2013 yn 60 oed. Mi wnaeth gyfraniad enfawr at ddiwylliant yr ardal gyfan mewn pob math o ffyrdd eraill hefyd ac roedd yn gymeriad annwyl a hoffus dros ben. Mae pobl yr ardal yn ei golli'n arw.

Yn ôl at brif destun y bennod. Dwi'n cofio un digwyddiad pan o'n i yn y Coleg yn Aber ac allan o gwmpas y dre un noson. Dyma daro ar Elfed. Mi gawson ni ddiod a sgwrs ac mi aeth yn hwyr. Wrth gwrs, doedd Elfed ddim wedi meddwl am ffordd o fynd adre ac mi ddaeth yn ôl gyda fi i Neuadd John Williams ar y prom, lle'r o'n i'n rhannu ystafell efo fy ffrind, Nerys o Dregaron. Roedd honno'n cysgu'n braf. Mi gysgodd Elfed ar y llawr rhwng y ddau wely. Cafodd Nerys sioc pan ddeffrodd hi'r bore wedyn a gweld dyn blewog y gorwedd ar lawr yr ystafell wely. A phan ddeallodd hi mai gweinidog oedd o, mi gafodd fwy o sioc. Ond i mi roedd y peth yn hollol naturiol, Elfed oedd o.

Ie, Elfed a gynheuodd y fflam. Ac er i'r fflam yna ddiffodd yn sydyn, cynheuwyd fflamau eraill ohoni ledled y fro a thros Gymru gyfan. Erbyn hyn mae'r ieuenctid y dylanwadodd Elfed arnyn nhw yn dylanwadu ar eu plant eu hunain, ac felly ymlaen i'r to nesaf. Mi fu farw'n frawychus o sydyn, ym mis Chwefror 1999 '... heb ddeud ffarwèl na chael cwtsh' yng ngeiriau Shân ei chwaer. Roedd yn sioc i bawb oedd yn ei nabod, ac ro'n i'n teimlo ei fod wedi gadael y parti trwy'r drws cefn rywsut, a finne heb gael cyfle i ddiolch iddo. Mae fy nyled iddo'n enfawr.

Y flwyddyn wedyn ro'n i'n gweithio ar CD newydd ac am gynnwys cân i gofio Elfed. Dyma droi at bâr o ddwylo diogel felly, ac mi lwyddodd Myrddin ap Dafydd yn ei ffordd gelfydd arferol i gyfleu'r golled a deimlais i ar lefel bersonol, a'r golled i Gymru gyfan.

Pan dderbyniais i'r geiriau gan Myrddin mi es ati i gyfansoddi alaw ac mi ddigwyddodd rhywbeth digon od. Flynyddoedd yn ôl, yn ystod cyfnod Aelwyd Penllys, roeddwn wedi canu un o ganeuon Elfed, sef 'Aderyn y Nos'. Doedd gen i ddim syniad mai ar fy nghyfer i roedd Elfed wedi'i chyfansoddi hi ar y pryd. Dim ond yng ngwasanaeth coffa Elfed yn Llanfyllin y cefais wybod hynny gan Elin Mair o Lanuwchllyn, oedd yn aelod o'r Aelwyd am gyfnod. Roedd hi wedi canfod copi o'r gân yn llawysgrifen Elfed gyda nodyn ar y top yn deud,

'Ar gyfer Linda fech'.

Wrth imi edrych ar eiriau Myrddin roedd y gân honno'n mynnu troi yn fy mhen ac yn raddol mi sylweddolais fod alaw Elfed yn ffitio geiriau Myrddin i'r dim trwy ryw ryfedd wyrth. Telepathi? Pwy a ŵyr. Ro'n i'n teimlo rywsut bod Elfed yno wrth fy ysgwydd yn fy annog i ddefnyddio'i alaw o. Pa well deyrnged felly na defnyddio alaw Elfed ei hun? A dyna wnes i, gan gynnwys llinell neu ddwy o eiriau Elfed ar ddechrau a diwedd y gân hefyd. Ac o wneud hynny dwi'n teimlo nad oedd hi'n rhy hwyr i ddeud diolch wedi'r cyfan.

# Ôl ei droed

Mi ddaeth hi'n gaenen eto ar lethrau Pen-y-bryn,
Mae Cae Tŷ Ffwrn a'r Gadlas dan gwrlid trwchus gwyn,
Dwi'n lodes fawr yn helpu, a finne bron yn saith,
Fy llaw yn gynnes yn ei law ym mhoced ei gôt waith.

Wrth groesi dros y weirglodd dwi'n dilyn ôl ei droed
Gan synnu at wisg newydd canghennau noeth y coed,
Ac mae hi'n anodd weithie trio bod yn lodes fawr,
A thrio 'mestyn coesau bach i ddilyn camau'r cawr.

Rhaid cael sgwrs efo Gwynfryn a rhoi y byd yn ei le
Cyn iddo fynd am adre i'r Dyfnant am ei de,
Mae'n llonydd tua Llaethbwlch, yn dawel hyd y fro,
O'r Rhos i Greigiau Farchwel, mae'r wlad i gyd dan glo.

Mae'n amser troi am adre, a'r dydd yn troi yn nos
Wrth inni grensian lawr Bryn Ifan a heibio Sgubor Rhos,
Mae 'nghoesau'n dechrau blino nes clywed 'Sweet the Boy',
Wrth ddringo dros y gamfa am adre trwy Cae Lloi.

Mae'r hen gôt waith yn segur ar fachyn erbyn hyn
Ac oerodd gwres y dwylo mewn storm o eira gwyn,
Ond pan ddaw haul y gaeaf trwy frigau noeth y coed
Mae ôl ei draed yn yr eira gwyn mor eglur ag erioed.

*Linda Griffiths*

*Dad yn ei elfen efo'i getyn a'i gribyn ar gae Top y Rhos*

Blwyddyn ola'r mileniwm oedd un o flynyddoedd tywyllaf fy mywyd. Ym mis Chwefror y flwyddyn honno bu farw Elfed. Ym mis Gorffennaf, bu farw Dad. Collais y ddau ddyn pwysicaf a mwyaf dylanwadol yn fy mywyd o fewn pum mis i'w gilydd.

Wrth imi weithio ar CD newydd y flwyddyn ganlynol, ro'n i eisoes wedi gofyn i Myrddin i ysgrifennu geiriau cân goffa i Elfed. Ro'n i'n ymwybodol bod Elfed yn adnabyddus trwy Gymru gyfan a doeddwn i ddim yn teimlo'n ddigon hyderus i goffau ffigwr mor gyhoeddus. Gyda Dad, wrth gwrs, roedd y golled yn un fwy personol, ac ro'n i'n teimlo mai fi yn unig ddylai lunio'r gân. Dyma fentro arni felly, a'r canlyniad fu cyfansoddi alaw a geiriau 'Ôl ei droed'.

Cân yw hi am Dad a finne'n cerdded caeau Pen-bryn ar adeg 'caenen'. Dyna fyddai Dad yn galw cyfnod o rew caled ac eira trwm. Roedd mwy o'r rheiny ers talwm, efo'r caeau'n lluwchfeydd mawr a phibonwy droeddfedi o hyd yn hongian oddi ar do siedau'r ffarm am wythnosau lawer. Ro'n i wrth fy modd yn cael mynd am dro efo Dad ac yn teimlo'n bwysig iawn yn cael gwneud hynny. Mi fydden i'n trio fy ngore i ddilyn ôl ei droed yn yr eira, ac roedd hynny'n anodd efo coese bach byr.

Roedd gen i ddau frawd oedd yn hŷn, ac ro'n i'n genfigennus o Roy a Barrie. Roedden nhw'n cael mynd allan i helpu ar y ffarm, a finne'n gorfod aros yn y tŷ a gwneud gwaith llawer mwy diflas. 'Tomboy' fydde Mam yn fy ngalw i'n aml, a Dad yn fy ngalw i'n 'Còg', sef gair Sir Drefaldwyn am fachgen. Yn syml, ro'n i eisiau bod yn fachgen.

Fi oedd yr ieuengaf o bump o blant. Gwen yw'r hynaf.

Wedyn roedd Anne, hi bum mlynedd yn iau na Gwen. Yna'r bechgyn, gyda Roy ddeunaw mis yn hŷn na Barrie. Ac yna fi, pedair blynedd yn iau na Barrie, y cyw melyn olaf. Mae fy mrodyr a'm chwiorydd yn deud nad oedd ganddyn nhw unrhyw syniad bod Mam yn fy nisgwyl i, ac iddyn nhw ddod adre o'r ysgol un diwrnod, a dyna lle'r oeddwn i'n cysgu yn y fasged ddillad. Mae'n anodd credu'r fath beth erbyn hyn.

O ble daeth yr enwau Saesneg gawson ni blant tybed a ninnau'n deulu Cymraeg ein hiaith? Roedd yn ffasiwn ar y pryd yn yr ardal i roi enwau Saesneg ar blant. Cefais i fy enwi ar ôl oen swci ar y ffarm mae'n debyg, felly er bod yn gas gen i fy enw, mi allai fod yn waeth. Roedd Dad yn hoff o ddefnyddio ffugenwau. Mi fyddai'n galw Mam yn 'duck' am ryw reswm, neu 'y ddynes fech' os oedd o'n cwyno amdani. 'Titch' neu 'lodes fech' roedd Roy a Barrie'n fy ngalw i. Ro'n i'n casáu hynny ar y pryd, ond eto, o edrych yn ôl mi allai fod yn waeth.

Roedd gan rai o anifeiliaid y ffarm enwau digon od hefyd, ond Roy a Barrie oedd yn bennaf gyfrifol am hynny. Pan ddeuai anifail newydd, mi fydden nhw'n ei enwi cyn i fi gael cyfle i ddewis enw, ac roedden nhw'n cael lot o hwyl yn dewis enwau gwirion er mwyn fy ngythruddo i. Ar un adeg roedd ganddon ni fochyn o'r enw Godfrey, sycar o'r enw Idris, dwy gath o'r enw Doris a Phyllis, ac oen swci o'r enw Ken. Dwi'n cofio buwch newydd yn cyrraedd, a Gwen am ei galw hi'n Buttercup. Ond gan ei bod hi'n hen fuwch fudr, ei henw yn pen draw oedd Shitter.

Mi fyddai anifeiliaid y ffarm hefyd yn cael eu henwi ar ôl eu cyn-berchnogion. Roedd ganddon ni felly ddwy fuwch o'r enw Maylene a Sera a chlamp o hwch o'r enw

Rose. Er dwi ddim yn credu bod y 'fuwch fech goch' oedd ganddon ni yn Pen-bryn ar un adeg wedi'i henwi felly, oni bai bod ei chyn-berchennog yn ddynes fach flin efo gwallt coch. Roedd honno'n un ddof iawn ac mi fydden ni blant yn ei reidio rownd y buarth.

Mi fyddai unrhyw esgus yn ddigon i fi fod allan yn yr awyr agored. Roedd bod yng nghwmni anifeiliaid y ffarm bron iawn yn obsesiwn. Mi fyddwn i'n treulio oriau yng nghwmni cŵn neu gathod bach ac yn mynd bob nos ar ôl ysgol i weld y cwningod yn chwarae yng nghae Gadlas. Fy ngwendid mawr oedd fy mod i'n caru'r anifeiliaid gormod. Mi fydden i'n crio byth a beunydd am fod cath neu gi wedi trigo. A phan fyddai anifeiliaid yn mynd i'r lladd-dy, fyddwn i ddim am wybod.

Ro'n i'n gwirioni ar geffylau, a phan o'n i'n ddeg oed, mi brynodd Mam a Dad gaseg gan un o berthnasau Dad yn ne Cymru. Jess oedd ei henw ac roedd hi ar gyfer pawb, ond fi oedd yr unig un oedd â gwir ddiddordeb ynddi. Roedd yna dipyn o ddiawlineb yn Jess. Weithiau mi gymerai awr a mwy i fi ei dal hi ac mi gefais fy nhaflu oddi arni fwy nag unwaith. Mi arweiniodd hynny at gyfnod o fynd draw at fy nghefnder Huw Rhos ar y ffarm drws nesa i farchogaeth. Mi fyddai'n mynd yn hwyr arna i'n dod adre yn aml am fy mod yn cael cymaint o hwyl, ac mi fyddwn i'n carlamu'n ôl trwy'r gwyll fel Twm Sion Cati ac yn trio sleifio i'r tŷ heb i Mam fy ngweld, ond roedd gan honno lygaid yn nhu ôl ei phen ac mi fyddwn yn cael cerydd yn aml am fod allan ar y ceffyl ar ôl iddi nosi.

Mi soniais am yr anifeiliaid anwes gyda'r enwau gwirion ac un ohonon nhw oedd mochyn bach amddifad o'r enw Godfrey, un dof a fyddai'n cael dod i'r tŷ os nag oedd Mam neu Anne o gwmpas y lle, ac yn yfed llaeth allan o soser. Wedi iddo ddod yn hŷn mi ddiflannodd Godfrey dros nos. Mae'n rhaid fy mod i'n amau ei ffawd ar y pryd. Ond doeddwn i ddim eisiau gwybod. Un bore, a finne'n aros yng nghartref fy chwaer Gwen ger Betws Cedewain, mi ges i gig moch i frecwast. Mi ofynnwyd imi wedyn a o'n i wedi mwynhau fy mrecwast? Do, meddwn i. A dyna pryd y cefais wybod fy mod wedi bwyta rhan o Godfrey druan. Ro'n i'n ypset a deud y lleiaf.

Mae fy hoffter o foch wedi parhau. Y Nadolig ar ôl inni golli Mam, mi brynodd fy merched i ddau fochyn bach Kune Kune imi'n anrheg Dolig, i godi fy nghalon. Mae Hilda a Twm Twm (ydy, mae traddodiad yr enwau gwirion yn parhau) yn gymeriadau doniol ac annwyl iawn ac yn rhan o'r teulu. Mae un peth yn sicr, fydda' i na neb arall yn bwyta Hilda a Twm Twm i frecwast.

Byddai'n rhaid gwneud y gwaith tŷ bob dydd cyn mynd allan i chwarae neu ymuno yng ngwaith y ffarm. Roedden ni'n byw o dan yr hen drefn - y dynion yn mynd allan i weithio a'r merched yn gorfod eu tendio. Roedd hynny'n golygu c'weirio'r gwelyau bob dydd a glanhau'r llofftydd unwaith yr wythnos. Ym Mhen-bryn roedd yna staeriau derw oedd yn rhannu'n ddau, gydag un ochr yn arwain at lofftydd fy mrodyr a'r ochr arall at lofftydd y gweddill ohonom. Yn ystod y nos, roedd hi'n ormod o drafferth mae'n amlwg i Roy a Barrie ddisgyn y staeriau oer i'r tŷ bach. Na, roedd ganddyn nhw bot pi-pi o dan y gwely. Roedd Dad hyd yn oed yn waeth. Roedd llofft Dad a Mam drws nesaf i'r tŷ bach ond roedd ganddo yntau ei bot hefyd. A phob bore byddai Anne a finne'n gorfod cario'r potiau llawn i'r tŷ bach i'w gwacáu. Un bore mi benderfynais herio'r drefn a chyhoeddi nad o'n i'n bwriadu cario'r pi-pi rhagor. Mi achosodd hynny ffys mawr, ond roedd streic y pot pi-pi yn un llwyddiannus.

Doedden ni ddim yn cael llawer o deganau, a chreu ein sbort ein hunain fydden ni blant. Roedd digon o gyfle i neud hynny ar ffarm. Ond mi gafodd Roy a Barrie feic yr un. Un diwrnod, a'r beiciau erbyn hyn yn hen a methedig, mi benderfynais i a Kath, fy nghyfnither fynd am reid ar hen feic un o'r bechgyn. Dim ond un oedd ar gael erbyn hynny felly roedd yn rhaid rhannu hwnnw. Dyma benderfynu mynd lawr tuag at Meifod. Mae hi'n ffordd gul a serth iawn mewn mannau ac yn anffodus doedd y brêcs ddim yn gweithio. Lawr â ni, y beic yn cyflymu a ninnau heb unrhyw obaith ei stopio. Yn cerdded lawr y rhiw ar ganol y ffordd yn hamddenol braf roedd Ficer Meifod. Gyda Kath yn canu'r gloch a finne'n bloeddio rhybuddion, dyma fo'n troi i weld be oedd yr holl sŵn. O'n gweld ni'n anelu'n syth amdano, mi neidiodd am ei fywyd i mewn i'r clawdd wrth i ni ruthro heibio. Roedd fel golygfa allan o un o storïau Wil Cwac Cwac. Mi gafodd y tri ohonon ni ddihangfa wyrthiol y diwrnod hwnnw.

Un gorchwyl dwi'n ei gofio'n dda yw gwneud menyn. Mi fyddai Mam yn galw 'mahowb, mahowb' ar Maylene a Sera, y buchod, bob dydd er mwyn iddyn nhw ddod mewn i'w godro. Mi fyddai'r llaeth yn cael ei roi trwy'r 'separator' wedyn, i gael llaeth enwyn a throi'r gweddill yn fenyn. Roedden ni blant yn gorfod helpu gyda'r corddi, gan droi handl yr hen fudde fawr. Roedd yn waith diflas tu hwnt a doedd dim stopio i fod. Roedd twll bach yn y caead â gwydr drosto. O daro'r gwydr yn ysgafn, byddai'n clirio os oedd y menyn wedi ffurfio. Un tro mi gollodd Barrie ei amynedd a bwrw'r gwydr â sbaner a'i ddryllio. Mi ddisgynnodd y darnau gwydr i'r menyn a'i ddifetha, ac mi roedd yn lwcus i beidio â chael gwialen fedw y diwrnod hwnnw. Dim ond bygwth defnyddio'r wialen fedw y byddai Dad bob tro, chafodd hi byth mo'i defnyddio.

Yn 'Ôl ei Droed', dwi'n cyfeirio at Gwynfryn. Pan o'n i'n blentyn roedd o'n byw efo ni ar y ffarm. Gwas ffarm oedd Gwynfryn o ran disgrifiad gwaith. Ond roedd o'n fwy o gyfaill neu, yn wir, yn aelod o'r teulu. Roedd Dad yn mwynhau ei gwmni a'i sgyrsiau ac roedd y ddau'n ffrindiau mawr. Yn aml, mi fydden nhw'n treulio mwy o amser yn trafod tasgau nag y bydden nhw wrthi'n eu cyflawni.

Cafodd Gwynfryn ei fagu efo'i fam yn nhŷ capel John Hughes ym Mhontrobert. Roedd y lle'n weithdy trwsio olwynion trol bryd hynny. Roedd yn ŵr tawel oedd yn fwy hoff o gwmni anifeiliaid na phobl. Pan alwai teulu neu ffrindiau i swper, mi fyddai'n mynd i'w gragen. Roedd yn well ganddo fwyta'i fwyd ar y buarth nag yn y tŷ, ac mi fyddai'n eistedd yno gyda hanner cylch o gŵn a chathod o'i flaen yn aros am sbarion. Mi symudodd i fyw i dyddyn o'r enw Dyfnant, sy'n perthyn i ffarm Pen-bryn. Roedd yn hapusach ei fyd yno er nad oedd yna gyflenwad dŵr yn y tŷ hyd yn oed ar y pryd. Doedd hynny'n poeni dim arno. Roedd yn defnyddio tap y tu allan. Roy fy mrawd a'i deulu sy'n byw yn Dyfnant erbyn hyn ac mae'r lle'n wahanol iawn.

Roedd Gwynfryn yn berson deallus a diwylliedig a phan o'n i'n blentyn ro'n i'n meddwl fod Gwynfryn yn gwybod popeth. Roedd o'n tynnu fy nghoes i byth a beunydd. Dwi'n cofio tynnu fy oen cyntaf, a Gwynfryn yn deud fy mod i wedi stretshio coesau'r oen bach. Ac wrth i fi blannu tatws, byddai Gwynfryn yn mynnu 'mod i wedi'u gosod nhw ben i waered. Ac wrth gwrs, yn blentyn mi fyddwn yn ei gredu. Roedd ganddo feic modur, ac roedd mynd ar hwnnw efo fo'n brofiad dychrynllyd ond cyffrous.

Mam fyddai'n siopa ac yn golchi iddo. Un diwrnod, mi arweiniodd hynny at sgwrs fach ddigon doniol rhwng Mam a Barrie. Roedd Mam i fyny'r staer a Barrie lawr staer yn casglu dillad glân Gwynfryn at ei gilydd. Dyma fo'n gweiddi,

'Mam, ydech chi wedi gweld tywel Gwynfryn?'

A Mam yn ateb,

'Be? Ydw i wedi gweld Hywel Gwynfryn?'

Aeth hyn ymlaen am gryn amser cyn i Mam ddeall beth oedd y cwestiwn yn union.

Mi fyddai'r ymdrech i esbonio pethau yn Saesneg yn creu difyrrwch weithiau hefyd. 'Y pethe' fydden ni'n galw'r gwartheg ar y ffarm, does gen i ddim syniad pam. Mi fydden ni'n deud 'neud y pethe' yn Gymraeg felly am fwydo'r gwartheg. Mi fyddai 'na bobl yn dod i Ben-bryn, fel bob ffarm arall, i werthu a phrynu, ac yn cael croeso mawr bob tro gan Mam – paned a chacen fraith (cacen fraith Mam oedd yr orau yn y byd) neu ginio weithiau. Roedd ambell un yn gwybod yn union sut i amseru pethau'n iawn. Mi ddaeth rhywun at y drws un diwrnod a gofyn yn Saesneg a oedd Dad yno ac mi atebodd Mam yn ei Saesneg gorau,

'No, he's outside doing the things'

Doedd y creadur fawr callach.

Pan fyddai 'pobl ddiarth', hynny yw teulu neu

ffrindiau'n dod draw i swper, mi fyddai Mam yn cyfieithu hynny fel,

'We're having strangers for supper.'

Mi fyddai'r dywediad Cymraeg 'mynd ar eu pennau' yn codi'n aml hefyd. Mi fyddai Dad yn deud,

'These lads are in my head ...' neu 'these lads are off on their heads ...' Yn ffodus, doedd y term Saesneg 'off their heads' ddim yn gyfarwydd bryd hynny, neu mi fyddai Roy a Barrie wedi cael enw digon gwael.

Mae'r dywediad 'Sweet the Boy' i'w glywed yn y gân hefyd. Roedd gan Dad lawer o ddywediadau. Ei ffordd unigryw o ganmol neu annog fyddai deud 'Sweet the Boy', gan ychwanegu weithiau 'Your mother never bred a jibber'. Wn i ddim beth yw'r tarddiad. Chlywais i neb arall erioed yn defnyddio'r dywediad. Roedd ganddo stôr o ddywediadau a rhigymau. Roedd llawer ohonyn nhw'n Saesneg, dylanwad agosrwydd y ffin ieithyddol unwaith eto. Mae yna amryw hefyd na fedrwn eu hailadrodd ar goedd. Mi fydden ni blant wrth ein boddau'n eu clywed nhw wrth gwrs, ond mi fyddai Mam yn edliw iddo'n aml,

'Piti na fasech chi'n cofio adnodau cystal â d'ech chi'n cofio'r hen bethau yna!'

Roedd dyddiau plentyndod ym Mhen-bryn yn rhai hapus iawn. Aeth Dad yn sâl tua diwedd y saithdegau a bu'n rhaid iddo roi'r gorau i ffarmio. Mi symudodd Mam ac yntau i fyw ger Llangynyw i ymddeol yn 1980 ac o hynny ymlaen Barrie a'i deulu sydd wedi ffarmio Pen-bryn. Tybed a fydd un o'r genhedlaeth nesaf yn penderfynu dilyn ôl troed eu tad a'u taid? Mi fyddai'n braf meddwl hynny.

# Pentre Llanfihangel

Mae pentre Llanfihangel
Heb ddim dŵr, heb ddim dŵr,
Y fferm a'r siop a'r ysgol
Heb ddim dŵr,
Os disgyn plant y pentre
I'r baw ar amser chware,
Rhaid aros nes mynd adre
Cyn cael dŵr, cyn cael dŵr,
I olchi'r baw o'u pennau-gliniau
Does dim dŵr.

Rhaid i bobol tref fawr Lerpwl
Gael eu dŵr, gael eu dŵr,
Petaent heb, mi fydde trwbwl
Heb ddim dŵr,
Rhaid boddi pentre Llanwddyn,
Deg fferm a deunaw tyddyn,
A'r Cymry mor ddiolchgar iddyn
Am fynd â'u dŵr, am fynd â'u dŵr,
Er bod Pentre Llanfihangel
Heb ddim dŵr.

O'r diwedd gwnaed cynllunie
I dynnu dŵr, i dynnu dŵr,
'Rol studio nifer o systeme
I dynnu dŵr,
Gwnaed piben fawr fel twnnel

*Parti Plygien Capel Gad pan o'n i'n blentyn*

O'r Brithdir i Lanfihangel,
Ond mae'r tanc a'r Llan 'run lefel
A does dim dŵr, does dim dŵr,
Er gwario deugen mil o bunne,
Does dim dŵr.

*Geiriau: Elfed Lewys*

Hwyrach mai 'Pentre Llanfihangel' sy'n crisialu orau'r elfen werin leol yng nghanu Plethyn. Hen garol plygien 'Ar Gyfer Heddiw'r Bore' yw'r dôn ac mae'r geiriau, gan Elfed Lewys, yn adrodd stori wir am y pentre. Er mai 'Plygain' yw'r ffurf swyddogol, 'Plygien' sy'n cael ei ddefnyddio gan bobl yr ardal. Dyna sy'n dod yn naturiol i fi, felly dyna dwi'n ei ddefnyddio yma. Mae ardal Llanfihangel a'i thrigolion yn agos iawn at fy nghalon i. Mae hi'n ardal gwbl wledig. Yno mae gwreiddiau teulu Mam ac mae 'na rhyw agosatrwydd yn perthyn iddyn nhw, a phobl yr ardal yn gyffredinol. Ac i fi dyma ganolbwynt canu Plygien. Mae'r gân yma'n dwyn atgofion hefyd am y capeli bach lleol oedd yn rhan ganolog o'n bywyd ni fel plant, sef Capel Gad a Chapel Penllys.

A ninnau'n byw yng nghanol ardal y Plygeiniau, roedd canu Plygien yn rhan gwbl naturiol o'n bywydau ni. Harmoni tri llais y canu plygien oedd yr unig fath o harmoni y gwyddem amdano. Pan ffurfiwyd Plethyn, mi fyddai pobol yn cyfeirio at ddylanwad y canu Plygien arnon ni. Ond doedden ni ddim yn gweld hynny o gwbl ar y pryd. O edrych yn ôl, wrth gwrs, mae rhywun yn sylweddoli bod hynny'n wir.

Mae canu hen garolau Plygien a chynnal Plygeiniau'n hen, hen draddodiad sydd wedi para dros y cenedlaethau, yng ngogledd Sir Drefaldwyn yn bennaf a rhannau o Sir Feirionnydd. Mae tymor y Plygeiniau'n dechrau yn gynnar ym mis Rhagfyr ac yn dod i ben ganol mis Ionawr. Yn Eglwys Llanfihangel-yng-Ngwynfa y cynhelir Plygien ola'r tymor, sy'n cloi tymor y plygeiniau yn yr ardal. Mae'n wasanaeth syml a gwerinol, heb unrhyw drefn na rhaglen wedi'i gosod ymlaen llaw. Mae partïon Plygien yr ardal yn mynd i fyny i ganu yn eu tro.

I bobl o'r tu allan, mi dyfodd rhyw chwedloniaeth o gwmpas y Blygien, rhyw gredu fod gan bob aelwyd yn yr ardal ei pharti Plygien ei hun. Doedd hynny ddim yn wir ac yn sicr fu gan teulu Pen-bryn erioed barti Plygien teuluol. Ond i nifer o deuluoedd yr ardal mae'n draddodiad sy'n cael ei drosglwyddo o genhedlaeth i genhedlaeth, ac mae rhai o'r teuluoedd hynny wedi perchnogi ambell i garol dros y blynyddoedd. Rhyw fath ar arwyddgan deuluol.

Doedd gan Plethyn ddim carol o'r fath, felly pan gawsom yr alwad i gymryd rhan yn ein Plygien gyntaf ym Meifod roedd angen dysgu carol. 'Engyl Glân o Fro Gogoniant' oedd y dewis ac roedden ni'n nerfus iawn. Yng ngwir draddodiad y Blygien, bu'n rhaid rhoi tri chynnig arni cyn taro'r nodyn yn iawn a dechrau canu.

Roedd gan Gapel Gad ei barti. Capel Penllys hefyd. Yn raddol, gyda hen gymeriadau Capel Gad yn marw, mi ddaeth y parti i ben. Am fod Roy a Jac yn dal i fyw yn yr ardal, mi aethon nhw ati i ail-sefydlu parti Gad, gyda Barrie fy mrawd, Huw Rhos, fy nghefnder, sy'n un arall o blant Top y Rhos, Meirion, mab i Emrys Llaethbwlch, a Gwyn Gwalchmai, ŵyr i Defi Ellis Pentre, y ddau'n aelodau o'r parti Gad gwreiddiol. Yn drist, bu farw Meirion Llaethbwlch, oedd â llais canu bendigedig, ond mae'r pump arall yn dal i ganu fel parti ac mi fyddai aelodau'r parti gwreiddiol yn falch iawn dwi'n siŵr. Mae parti Penllys wedi dod i ben erbyn hyn, ond mi ddysgodd Arwyn Tŷ Isa nifer o'r carolau i griw bechgyn Aelwyd Penllys.

Mae'r carolau Plygien yn tueddu nid yn unig i fod yn hen ond hefyd yn faith. Maen nhw'n mynd drwy holl hanes Crist, o'r Geni i'r Croeshoeliad ac i'r Atgyfodiad. Dyna pam mae llawer ohonyn nhw wedi'u cwtogi erbyn heddiw. Ond mae'r arferiad yn dal yn gryf. Maen nhw i'w cael wedi eu hargraffu erbyn hyn ac mae pobl yn gallu'u dysgu nhw o'r newydd. Mae'r cyfan yno, yr hen nodiant, y sol-ffa a'r geiriau, yn wahanol iawn i'r hen lyfrau bach rhacsiog a ddefnyddiwyd gan yr hen garolwyr, ac sy'n dal i gael eu defnyddio gan deuluoedd ym Maldwyn.

Erbyn heddiw mae partïon ac unigolion o'r tu allan i'r ardal yn tueddu i'w canu nhw mewn dull mwy confensiynol gerddorol, gyda llai o'r naws gwerinol. Yn aml, mae yna sain caletach i'r lleisiau yn fy ardal enedigol i, a'r canu'n gallu bod yn amrwd ar adegau. Ond dydy hynny ddim yn bwysig. Gwasanaeth ydy'r Plygien. Nid yw'n gystadleuaeth o unrhyw fath ac yn yr oes sydd ohoni, mae hynny'n chwa o awyr iach.

Mae yna lawer wedi'i wneud o'r Blygien. Gormod hwyrach wedi i'r cyfryngau gael gafael ar y traddodiad ar un adeg. Mae'r diddordeb o'r tu allan wedi pylu rywfaint erbyn hyn, ond mi fydd traddodiad y Blygien yn dal i fynd yn Sir Drefaldwyn pan fydd pawb arall wedi colli diddordeb. Mae'n rhan mor annatod o dymor y Nadolig â'r twrci a'r trimins i bobl y fro, yn achlysur cymdeithasol, ac yn draddodiad Cymraeg hynod werthfawr a phwysig mewn ardal sydd mor agos at y ffin.

Capel Gad oedd ein capel ni fel teulu, a Chapel Penllys i raddau llai. Doedd adeilad y Gad ddim yn edrych fel capel, ei hanner o'n garreg a'r gweddill yn sinc. Tŷ annedd ydi o heddiw. Methodistiaid oedden ni a mynychwyr Capel Penllys filltir i lawr y ffordd yn Annibynwyr. Roedd y ddau addoldy'n cydweithio'n hapus ymhell cyn bod sôn am uno'r enwadau.

Roedd Capel Gad yn un gwerinol, cartrefol a hynod o anffurfiol. Roedd yn rhyw fath o ganolfan gymdeithasol hefyd. Mewn ardal mor wledig ei natur, yr unig adeg roedd rhai o deuluoedd y fro'n gweld ei gilydd oedd ar y Sul, ac roedd yna hen sgwrsio y tu allan i'r capel ar ôl yr oedfa. Mi fydden ni blant yn blino aros weithiau ac yn mynd lawr y ffordd yn yr haf i gasglu mefus gwyllt a'u rhaffu ar laswelltyn. Byddem yn cystadlu i weld pwy allai gasglu'r mwyaf o fefus cyn i Dad a Mam ddod heibio yn y car.

Roedd Mam yn hanu o deulu o Annibynwyr annwyl dros ben, ac fe'i magwyd ar aelwyd gariadus, ond un oedd yn dal o dan ddylanwad y Diwygiad, ar ffarm Pen-ffordd yn ardal Llanfihangel-yng-Ngwynfa, rhwng Capel Gad a Phenllys. Roedd dylanwad magwraeth Mam yn drwm iawn arnon ni fel teulu ym Mhen-bryn. Roedd dydd Sul yn ddiwrnod sanctaidd. Fel plant, chaen ni ddim chwibanu, chwarae'n swnllyd tu allan, chwarae gemau bwrdd neu gemau cardiau, na defnyddio siswrn i dorri gewinedd na gwallt ar ddydd Sul. Clywais sôn bod Nain Pen-ffordd, sef Mam fy Mam, yn rhoi cadach llestri dros sgrîn y teledu wedi inni gael set ym Mhen-bryn, am ei bod hi'n meddwl ei fod yn declyn y diafol, a bod y bobl ar y sgrîn yn gallu gweld i mewn i'r stafell fyw. Doedd hi ddim yn gwybod sut i droi'r teledu i ffwrdd.

Dyna sut y cafodd Mam ei chodi ac roedd yna reolau caeth i'w dilyn. A châi Dad yn bendant ddim gwneud ond be oedd raid ar ddydd Sul. Weithiau, mi fyddai'n teimlo'n rhwystredig iawn o'r herwydd, ond wiw iddo fynd yn groes i'r 'ddynes fech'. Weithiau, â'r gwair ar ddydd Sul yn barod i'w beilio mi fyddai'n deud wrth Mam,

'Mae'r gwair yna'n canu yn y caeau.'

Pan fyddai Mam yn ateb ei bod hi'n bechod gweithio ar y Sul, mi fyddai'n deud,

'Mae'n fwy o bechod bod y gwartheg yn byta gwair sydd wedi llwydo. Fyddai'r Brenin Mawr ddim isio hynna.'

Ond na, doedd dim gwaith i fod ar ddydd Sul, dim ond bwydo'r anifeiliaid, neu ar adeg ŵyna. Er bod Dad yn anghytuno, mi wyddai pa mor bwysig oedd hynny i Mam.

Doedd dim gwaith tŷ diangen i fod ar y Sul chwaith. Dim glanhau mawr na choginio, ar wahân i be oedd raid. Mi gâi'r llysiau ar gyfer cinio dydd Sul eu paratoi ar nos Sadwrn. Un tro, â'r gweinidog yn dod draw am ginio, roedd Mam wedi tynnu sgons o'r rhewgell a'u gosod yn y Rayburn i gynhesu cyn mynd i'r oedfa. Pan ddaethon ni adre o'r capel gyda'r gweinidog, roedd y sgons wedi llosgi yn y ffwrn. Roedd Mam wedi anghofio'u tynnu nhw allan. Roedd yr holl beth yn embaras mawr iddi. Roedd hi'n ofni bod y gweinidog yn meddwl ei bod hi'n coginio ar ddydd Sul.

O ran oedfaon capel, mi fydden ni'n mynd ddwywaith neu dair bob Sul. Ac i blentyn, roedd hynna'n gallu bod yn anodd, yn enwedig ar ddiwrnodau braf yn yr haf.

Roedd gan y gweinidog enw crand: y Parchedig Austin Maximilian Thomas. Roedd o'n enedigol o Sir Fôn ac yn ddyn dysgedig iawn, yn hyddysg mewn Groeg a Hebraeg. Mi fyddai ei bregethau y tu hwnt i'n crebwyll ni'r plant ond roedd yn gymeriad diddorol iawn.

Ar y cyfan, mi allai oedfaon fod yn hir a diflas ac roedd yn rhaid dysgu adnod bob wythnos, a'r Rhodd Mam. Mi fydden ni'n mynd i ddigwyddiadau gyda'r capel byth a beunydd. Cymanfa Ganu, Sasiwn y Plant, Cyfarfod Mawr, Cyfarfod Gweddi ac ati. Roedd y cyfarfodydd gweddi'n cael eu cynnal yn yr wythnos a doedd Mam ddim yn gwisgo het i fynd i'r rheiny, am nad oedd angen dillad parch y Sul mae'n debyg. Mi fyddai brodyr a brawd-yng-nghyfraith Mam yn mynd i'r Sêt Fawr a phenglinio i weddïo. Hynny'n weddïo o'r frest, gan fynd ymlaen am hydoedd, a'r dagrau weithiau'n powlio lawr eu gruddiau. Roedden nhw fel petaen nhw wedi'u meddiannu. Yn encilio i'w byd bach eu hunain.

Roedd yna ambell i agwedd bleserus hefyd. Roedden ni'n cael te parti a thrip Ysgol Sul bob blwyddyn. Roedd y rheiny'n achlysuron pwysig iawn yn ein calendr. Ac yn ystod ein harddegau mi gawson ni'r athro Ysgol Sul gorau erioed, sef Defi Ellis, Pentre, oedd yn ddyn annwyl, dysgedig a diddorol iawn. Fo sydd ar ochr dde'r llun o barti plygien Gad, yn hanner arwain yn ôl ei arfer.

Roedden ni'n cadw ieir ar y ffarm ac yn mynd ag wyau i gymdogion. Dwi'n cofio Gwen, fy chwaer, yn dysgu gyrru. Un dydd Sul mi drodd gornel ar y ffordd i Gapel Gad, ond mi fethodd â throi'r llyw yn ei ôl mewn pryd, gan fynd â'r car yn syth drwy wrych ac i'r cae. Ar y sedd gefn, roedd dwsinau o wyau. Yn wyrthiol, ni chafodd unrhyw un niwed ac ni thorrwyd gymaint ag un wy. Mi gasglodd pobl o'n hamgylch i weld a oedden ni'n iawn, ac roedd Mam yn poeni mwy am y ffaith y byddai'r capelwyr yn meddwl ein bod ni'n gwerthu wyau ar ddydd Sul nag am y ddamwain. Roedd Dad yn meddwl bod yr holl beth yn ddoniol iawn wrth gwrs.

Roedd yntau hefyd yn grefyddol yn ei ffordd ei hun. Mi fyddai'n gwrando ar y gwasanaeth ar y radio bob bore Sul, ac yn canu emynau o gwmpas y tŷ. Roedd o'n credu. Ond doedd ganddo fawr o amynedd at y gyfundrefn. Mi fyddai'n mynd i'r capel weithiau, ond byddai Mam yn gorfod ei lusgo yno gerfydd ei glustiau – nid yn llythrennol, wrth gwrs! Mi welai fod yna lawer o ragrith ynghlwm â'r holl beth. Gweld pobl yn ymddwyn fel saint yn y capel ar y Sul ond yn groes i hynny gydol yr wythnos. Roedd o'n ddyn cwbl onest ac egwyddorol, ond doedd o ddim yn rhan o'r sefydliad, fel Mam.

Pan ddeuai gweinidog i ginio, byddai Mam yn llawn ffys. Lliain gwyn ar y bwrdd, deud y Fendith cyn byta. Ond cyn i'r gweinidog gychwyn ar y Fendith, byddai Dad wedi dechrau helpu'i hun i'r tatws. Byddai Mam yn siarad yn ei Chymraeg gorau, ac yn gofyn i'r gweinidog,

'Gymerwch chi lefrith yn eich te?'

''D'ech chi isio llaeth yn eich te?' fydde hi'n deud fel arfer, ond roedd hi'n meddwl bod 'llefrith' yn air mwy crand na 'llaeth' am ryw reswm. Mi fyddai Dad yn codi cywilydd arni braidd ar adegau. Nid yn fwriadol. Holi rhyw bregethwr gwadd hwyrach,

'Un o le 'dech chi?'

Hwnnw ateb a Dad yn deud,

'Ew, mae 'na dafarn fech dde fanna! Dwi'n cofio Wil Rhos a fi'n dod adre o ryw sêl, a galw yna. Geson ni lot o sbort!'

Roedd o'n ymddwyn yn hollol naturiol. Mi fyddai'n sgwrsio â phregethwr neu weinidog yn union fel petai'n siarad â chymydog yn y farchnad. Dwi'n siŵr bod y rhan fwya' ohonyn nhw'n falch iawn o gael eu trin felly.

Un tro roedd Awstin Thomas yn ciniawa gyda ni. Roedd Mam wedi gadael Dad ac yntau i sgwrsio bob ochr i'r tân yn yr ystafell a alwai Dad yn 'Prince of Wales room', am iddi gael ei hail-addurno adeg arwisgo Tywysog Siarl, nid bod yna unrhyw arwyddocâd i hynny, ond roedd Dad yn meddwl ei bod hi'n or-grand. Pan aeth Mam yn ei hôl i ddeud bod cinio'n barod, roedd y gweinidog yn eistedd yno â golwg ddiflas ar ei wyneb a Dad yn chwyrnu cysgu.

Pan fu farw Dad, yn 86 oed yn 1999, cawsom wybod gan Mam ei fod yn deud ei bader bob nos cyn iddo fynd i gysgu. Roedd yn Gristion i'r carn, ond ar ei delerau ei hun.

Hefyd, rhag ofn imi roi camargraff o Mam, er iddi gael magwraeth gul, roedd yn berson llawn hiwmor, oedd wrth ei bodd yn tynnu coes. Wrth iddi fynd yn hŷn, mi ddaeth yr elfen honno o'i phersonoliaeth yn fwy a mwy amlwg. Roedd y capel, sef Moreia yn Llanfair Caereinion erbyn hynny, yn bwysig iawn iddi tan y diwedd ac roedd ei hegwyddorion mor gadarn ag erioed pan fu farw'n 93 oed yn 2012. Ond mi lwyddodd i lacio'r rheolau llym oedd yn ein caethiwo ni yn Pen-bryn, a symud gyda'r oes. Mi gawson ni fel teulu, a phobl yr ardal hefyd dwi'n credu, lawer o hwyl yn ei chwmni ac roedd hi'n berson caredig, croesawgar ac annwyl.

Hwyrach na fyddai hi'n hapus iawn mod i'n ei chanmol hi fel hyn, am fod 'brolio' chi'ch hun neu aelodau o'ch teulu'n 'bechod' yng ngolwg Mam. Ond dim ond deud y gwir ydw i, a dydy hynny ddim yn bechod does bosib.

# Y Gwylliaid

*Cytgan:*
*Y Gwylliaid yn y gwŷdd*
*Dewch ynghyd, dewch ynghyd,*
*Y Gwylliaid yn y gwŷdd*
*Dewch ynghyd;*
*Y Gwylliaid yn y gwŷdd,*
*Rhaid taro 'ngolau dydd*
*I gadw'n traed yn rhydd –*
*Mae hi'n bryd, mae hi'n bryd,*
*I gadw'n traed yn rhydd*
*Mae hi'n bryd.*

Y gyfraith roes y gair
Gyda rhaff, gyda rhaff,
Y gyfraith roes y gair
Gyda rhaff;
Y gyfraith roes y gair
A byddwn Ddygwyl Mair
Yn crogi yn y ffair
Ddigon saff, ddigon saff,
Yn crogi yn y ffair
Ddigon saff

Mae clogyn Rowland Lee
I'w foddhad, i'w foddhad,
Mae clogyn Rowland Lee
I'w foddhad;
Mae clogyn Rowland Lee
Yn goch o'n gwaedu ni,

O fwrdro caiff ei sbri
Yn ein gwlad, yn ein gwlad,
O fwrdro caiff ei sbri
Yn ein gwlad.

Ni all deddfau du a gwyn
Ladd y gwir, ladd y gwir,
Ni all deddfau du a gwyn
Ladd y gwir,
Ni all deddfau du a gwyn
Fyth dorri'r bobl hyn,
Fe gadwn gof ynghyn
Drwy ein tir, drwy ein tir,
Fe gadwn gof ynghyn
Drwy ein tir.

*Myrddin ap Dafydd*

Ar un o'n hymweliadau â Gŵyl Lorient yn Llydaw mi wnaethon ni gwrdd â'r McCalmans, grŵp gwerin o'r Alban. Dim ond cychwyn oedden ni, ac roedden nhw wedi bod wrthi ers wyth mlynedd, oedd i'w weld yn gyfnod maith i ni bryd hynny. Roedd ganddyn nhw gân o'r enw 'Ye Jacobites'. Roedden ni'n hoffi'r alaw ac mi ysgrifennodd Myrddin eiriau 'Y Gwylliaid' ar y dôn.

Criw o herwyr gwallt coch oedd y Gwylliaid, neu Wylliaid Cochion Mawddwy, a oedd yn gweithredu yn ardal Mawddwy yn yr 16eg ganrif. Ymhlith eu troseddau mi wnaethon nhw lofruddio Siryf Meirionnydd, y Barwn Lewis ap Owen o Ddolgellau yn Nugoed Mawddwy ar y

*Roedd y Jac milain ar y llwyfan yn aml iawn*
*yn troi'n Jac hwyliog iawn oddi arno!*

12fed o Hydref 1555. Daliwyd a chrogwyd nifer o'r Gwylliaid ac mi ddaethant yn gryn arwyr, gyda beirdd yn canu eu clodydd.

Yn aml wedi inni ganu'r gân, mi fyddai rhywrai'n siŵr o ofyn â'u tafod yn eu boch a oedd Jac yn un o ddisgynyddion y Gwylliaid? Roedd Jac, gyda'i fop o wallt coch a'i olwg milain ar lwyfan yn ffitio'r darlun i'r dim. Ond er ei fod yn greadur digon gwyllt ar adegau, doedd dim byd milain am Jac.

Pan oedden ni yn Aelwyd Penllys, mi geisiodd Elfed hybu'r ddelwedd filain wrth inni ganu cân heriol roedd wedi'i chyfansoddi o'r enw 'Galw, Mae Cymru'n Galw'. Roedd yn teimlo bod gan Jac y potensial i edrych yn ymosodol ac yn galed wrth berfformio'r gân, ond doedd

Jac druan ddim yn gyfforddus o gwbwl gyda hynny. Wedi deud hynny, mi roedd yna ryw mystique yn perthyn i Jac ar lwyfan, er nad oedden ni'n sylweddoli hynny ar y pryd. Roedd yn dawedog ymhlith pobl nad oedd yn eu nabod yn dda, ac roedd yna ryw ddirgelwch o'i gwmpas felly.

Un rheswm pam fod Jac mor dawedog oedd bod y sîn Cymraeg yn ddieithr iddo, am nad oedd o'n dod o gefndir Cymraeg. Roedd wedi'i fagu ar ffarm oedd dri neu bedwar lled cae o Ben-bryn, sef Rhosfawr. Roedd cymaint â hynny o wahaniaeth daearyddol yn gwneud y byd o wahaniaeth yn ieithyddol ac yn ddiwylliannol. Aeth Jac i Ysgolion Cynradd ac Uwchradd Llanfyllin a chael addysg uniaith Saesneg yn y ddwy ysgol. Roedd ei fam yn Gymraes, ond roedd ei dad yn ddi-Gymraeg, a Saesneg oedd iaith yr aelwyd. Doedd o ddim yn perthyn i unrhyw ddiwylliant Cymraeg a Chymreig yn ei ddyddiau cynnar. Dim ond wedyn, fel aelod o Aelwyd Penllys a Plethyn, y daeth Jac yn rhan o'r diwylliant roedden ni'n rhan ohono. Mae'n anodd weithiau i bobl o'r tu allan i'r ardal ddeall pa mor wahanol oedd hi i ni, blant y ffin ieithyddol.

Roedd Myfanwy Gittins, sef Mam Jac – neu John, sef ei enw bedydd iawn – yn bianydd da iawn, oedd yn gallu chwarae darnau 'o'r glust' ac roedd taid Jac yn faswr ardderchog yn ôl y sôn, ond doedd Jac ddim yn un o bobol y Pethe yn ei ddyddiau cynnar. Doedd o ddim yn gyfforddus yn siarad Cymraeg, er y byddai ei allu yn yr iaith yn gwella cryn dipyn ar ôl peint neu ddau, neu pan fyddai merched yn tynnu sgwrs efo fo ar ddiwedd noson. Mi fyddai Roy a minne'n gegrwth weithiau o glywed Jac yn parablu yn Gymraeg bryd hynny. Ie, Jac oedd aelod 'dirgel' Plethyn. Roedd yn ychwanegu rhyw ddimensiwn arall i'r grŵp ac roedd ei wallt coch cyrliog, yn arbennig, yn gwneud iddo sefyll allan.

Pan oedden ni'n blant ar y ffarm, mi fyddai 'John' a'i chwaer hŷn Jean, yn dod draw i Ben-bryn i gael torri'u gwalltiau. Jac, o leiaf. Roedd Dad yn torri gwallt rhai o bobl yr ardal, yn ogystal â gwallt Roy, a Barrie. Nid torrwr gwallt oedd o mewn gwirionedd ond siafiwr gwallt ac roedd y profiad yn un erchyll i'r bechgyn fel arfer. Roedd Jac yn swil iawn bryd hynny ac yn cuddio y tu ôl i'w chwaer, a honno fyddai'n deud wrth Dad,

'John wants his hair cut.'

Yna mi aeth Jac i'r Coleg yn Aberystwyth ac mi ddaeth yn ôl yn ddyn gwahanol iawn. Roedd wedi magu hyder. Hefyd, roedd ei wallt erbyn hyn yn hir ac afreolus a gwisgai jîns a thrênyrs gwyrdd yn aml. Roedd o'n edrych fel blodyn dant y llew wedi tyfu'n wyllt.

Pan ddechreuodd Plethyn berfformio'n rheolaidd, mi fydden ni'n canu weithiau ym Mhlas Maenan, yn cynnwys ar ddwy neu dair Nos Galan. Un tro, ar y ffordd i fyny roedden ni wedi bod i barti reit grand ar ffarm ger Llansantffraid, ac wedi bod yn yfed siampên. Mi ddaeth Jac oddi yno â photel neu ddwy o win Red Bull. Roy oedd yn gyrru ac ar y ffordd i Blas Maenan mi yfodd Jac botel gyfan. Yno roedd y dynion mewn siwtiau crand a'r gwragedd mewn ffrogiau hir. A finne erbyn hyn yn gorfod pwyso yn erbyn Jac i'w ddal i fyny wrth inni ganu. Bob hyn a hyn wrth iddo ganu byddai rhyw wich fach yn dod i'w lais. A bob tro roedd Jac yn ymddiheuro'n ddwys gan ddeud,

'Oops! Sorry! Must be these tight trousers!

A sôn am wisgoedd, ble bynnag fydden ni'n perfformio byddai Jac yn licio tynnu'n groes a gwisgo'n wahanol i'r disgwyl. Mewn cinio crand, byddai Jac yn cyrraedd mewn jîns a chrys rygbi. I ganu mewn clwb neu dafarn, mi fyddai Jac yn aml yn gwisgo siwt ffurfiol. Roedd yna rhyw ddiawlineb yn perthyn iddo, a'r peth gwaetha fyddai ei geryddu am ei wisg. Mi wnâi hynny bethau'n waeth. Un tro mi ddigwyddais grybwyll ei fod wedi gwisgo'r un crys rygbi'n aml yn ddiweddar. Mi wisgodd Jac yr un crys am fisoedd os nad blynyddoedd wedi hynny. Ro'n i'n gweld y crys rygbi efo'r streipiau gwyrdd a phiws yn fy nghwsg. Dro arall, mi wnes i'r camgymeriad o grybwyll y belt ddu oedd yn hongian rownd ei ganol, gan awgrymu y byddai belt fyrrach yn edrych yn well. Mi fu'r belt yn hongian yno yn ystod bob perfformiad wedi hynny.

Roedd ei olwg gwyllt yn gallu achosi problemau ar adegau. Un tro roedden ni ar ein ffordd i ganu mewn tafarn ym Mhen Llŷn. Bu'n rhaid inni stopio i gael cyfarwyddiadau rhwng Pwllheli ac Abersoch lle'r oedd ffordd syth â phafin yn ymestyn ar hyd un ochr. Roedd yna ddynes fach yn cerdded ar hyd y pafin a'i chefn aton ni, felly dyma benderfynu stopio i holi'r ffordd. Neidiodd Jac allan o'r car, a gan ein bod ni'n hwyr, dechreuodd redeg tuag ati i arbed amser. O droi a gweld y dyn gwyllt yr olwg yn nesáu, mi ddychrynodd y ddynes am ei bywyd a dechrau rhedeg, gyda Jac yn rhedeg ar ei hôl hi.

Dro arall, a ninnau'r tro hwn ar y ffordd i'r de, mi gawsom ein stopio gan yr heddlu. Doedd gan Jac fawr i'w ddeud wrth yr heddlu a deud y lleiaf. Fel mae'n digwydd, roedden nhw'n chwilio am ddyn â thrwch o wallt coch cyrliog oedd wedi torri mewn i swyddfa bost a dwyn arian.

A Jac, yn hytrach na gwenu a cheisio perswadio'r heddlu nad y fo oedd y troseddwr, yn eistedd yng nghefn y car yn syllu'n herfeiddiol arnyn nhw. A Roy a finne'n ymbil arnyn nhw i beidio ag arestio Jac gan ein bod ni ar ein ffordd i berfformio mewn cyngerdd.

Mi gawson ni'n stopio droeon hefyd wrth ddod yn ôl o Iwerddon. Mi fydden ni'n dod drwy'r tollau'n iawn bob tro. Ond yn aml caem drafferth gyda'r heddlu gwrthderfysgaeth. Roedd dau fachgen a merch yn teithio gyda'i gilydd yn creu amheuaeth bob tro. Ac o gael ein stopio, fedrai Jac ddim peidio â dadlau efo'r swyddogion a holi pam. Yn Abergwaun unwaith, tynnwyd popeth allan o'r car i'w archwilio, gan gynnwys y seddi, a hynny'n bennaf am fod Jac wedi cega efo'r swyddog.

Roedd y ffaith nad oedd Jac yn gyfarwydd â'r iaith Gymraeg, yn enwedig yn nyddiau cynnar Plethyn, yn arwain yn aml at gryn hwyl. Yn ystod un o'n cyngherddau cyntaf, roedden ni'n aros gefn llwyfan ac am wybod pryd oedd ein tro ni i berfformio. Aeth Jac i ddarllen y rhestr oedd ar y drws, cyn dod yn ôl a deud,

'We're on after a group called Egwyl.'

Mae Jac, fel ei dad o'i flaen, yn dynnwr coes heb ei ail. Mi fyddai'n hoffi esgus nad oedd yn deall rhywbeth er mwyn gwneud i Roy a minne chwerthin. Un tro gofynnodd a oedden ni'n bwriadu canu'r gân 'Lawr Mewn Twll' y noson honno? Roedd Roy a minne mewn penbleth nes iddo esbonio ei fod yn cyfeirio at y gân 'Down yn ôl'. I'w glust o roedd 'Down yn Ôl' yn swnio fel 'Down an 'Ole' yn Saesneg, ac roedd wedi cyfieithu hynny yn ôl i'r Gymraeg, 'Lawr Mewn Twll'. Ninnau'n ymarfer 'Seidir Ddoe' wedyn ac yn dod at y llinell, 'Mae'r haul yn uchel uwchben Rhos y Glasgoed'. Ewythr i Jac oedd yn byw yn Rhos y Glasgoed ar y pryd. Ei enw oedd Eddie, felly dyma Jac yn ein cywiro,

'That's wrong. It should be 'uwch Eddie Rhos y Glasgoed, not Ben Rhos y Glasgoed'.

Roedd o'n gwybod yn iawn sut i neud i mi chwerthin ar yr adegau anghywir. Roedden ni ar fin cyflwyno darn defosiynol, difrifol, a hynny mewn capel, sef y gân 'Myn Mair'. Llinell gyntaf y gân yw, 'Fy hatling gyflwynaf dros enaid dan glo'. A dyma Jac yn sibrwd yn fy nghlust cyn inni godi ar ein traed,

'Who's this Dan Glo then? Is he the coalman?'

Roedd Jac yn hoff o neud pethau eithafol ar adegau er mwyn cael ymateb. Dwi wedi sôn eisoes am gacen fraith Mam. Roedd hi'n boblogaidd iawn. Roedd Jac a Mam wrthi'n cael paned efo'i gilydd rhyw ddiwrnod a Jac eisoes wedi cael darn o'r gacen fraith. Mi gynigiodd Mam ddarn arall o'r gacen iddo. Ar y plât roedd yna dafell wedi'i thorri, yn ogystal â chwarter olaf y gacen. Mi ddiolchodd Jac iddi, ac yn hytrach na chymryd y darn oedd wedi'i dorri'n barod, mi gymerodd y chwarter oedd ar ôl. Roedden nhw'n gacennau mawr, ond mi orffennodd y cwbwl. Roedd Mam yn adrodd y stori gan chwerthin am flynyddoedd wedi hynny.

Roedd hi'n amlwg i ni o ble y câi Jac ei ffraethineb. Roedd ei dad, Dai Gittins, yn gymeriad a hanner ac yn chwedlonol yn y fro am ei dynnu coes. Roedd yna groeso bob amser ar aelwyd Rhosfawr a lot o hwyl i'w gael. Dwi'n cofio mynd draw i barti yno rhyw nos Calan, a thua diwedd y nos, medde Dai wrtha i, 'Give us a New Year's kiss Linda', gan ddod draw tuag ata'i. Wrth imi blygu'n ôl, i osgoi'r gusan mae'n siŵr, mi faglais ar draws cadair freichiau ledr, ac mi gwympodd Dai a finne am ben ein gilydd i'r gadair. Roedd gan honno olwynion bach oddi tani a ffwrdd â ni ar sbîd i gornel y stafell fyw. Wnes i ddim sylwi bod Dai'n dawel weddill y noson, ond mae'n rhaid ei fod o mewn dipyn o boen. Mi ddaeth Jac draw i Benbryn drannoeth i ddeud bod ei dad wedi torri dwy asen – er mai fo gwympodd ar fy mhen i. Mi fu 'na hen dynnu coes yn y farchnad yn Trallwm y bore Llun canlynol yn ôl y sôn.

Roedd yna dynnu coes diddiwedd rhwng y tri ohonon ni hefyd, ac roedd Roy a Jac yn tynnu arna i trwy'r amser, ond mi gawson ni lot o hwyl. Dwi'n credu ei bod hi'n deg deud nad oedden ni'n cymryd ein hunain gormod o ddifri' fel grŵp. Roedd Roy a Jac yn athrawon yn nyddiau cynnar Plethyn ac mi aeth y ddau ymlaen i fod yn brifathrawon ac yna'n arolygwyr ysgolion uchel eu parch.

Do, mi galliodd Jac dros y blynyddoedd ond dwi'n rhyw amau bod yna rywfaint o ysbryd yr hen Wylliaid Cochion yno o hyd.

# Glas oedd y Bae

Dw'i ddim yn cofio bellach yr hydref yn dy lais
'Mond cofio blodau'r gwanwyn wrth gerdded Rhiw Penglais,
Na chofio gweld y seren yn diffodd yn y nos
'Mond cofio yn y bore fod yr heulwen eto'n dlos.

A dydw'i ddim yn cofio y llygaid drodd i ffwrdd
'Mond cofio eu canhwyllau'r tro cyntaf inni gwrdd,
Na chofio nodau olaf y gân yn dod i ben
'Mond cofio'r miwsig hyfryd yn canu yn fy mhen.

*Cytgan:*
*'Di'r dagrau ddim yn dod wrth gofio'n dyddiau ni,*
*'Di'r dagrau ddim yn dod - fy hiraeth melys i,*
*'Mond gwlith y gwynt o'r môr sy'n dyfrio'n llygaid i*
*Wrth ddwyn yn ôl yr amser yn Aber ger y lli.*

Ni alla'i gofio heddiw y gwynt yn chwipio'r prom
'Mond cofio hafau ifanc lle nad oedd calon drom,
Na chofio'r môr a'r awyr yn codi'u lleisiau'n ffrae
Ni fedra'i ddim ond cofio mai glas oedd lliw y bae.

'Mond lluniau pob penllanw sy'n dod yn ôl i'r co'
A thrwy bob nos mae'r golau ar y dŵr ar hanner tro,
Y machlud yn y Carlsberg drwy ffenest y Marine,
Yr oriau mân a'r fflagons, yr hwyl a'r haul a'r gwin.

*Myrddin ap Dafydd*

*Criw Neuadd John Williams ar y prom gyda John Bwlchllan*

Doedd neb o'n teulu ni wedi bod mewn coleg nes i Roy fynd i'r Coleg Normal ym Mangor. Doeddwn i ddim yn bwriadu mynd i Brifysgol. Ro'n i wedi meddwl erioed mai pobl glyfar gyda Saesneg crand oedd yr unig rai a gâi fynd i Goleg Prifysgol. A bod yn deg, prin iawn oedd y rhai o fy nghenhedlaeth i fyddai'n meddwl am fynd i Brifysgol. Doeddwn i ddim yn ystyried fy hun yn rhyw academig mawr ac ro'n i wedi dechrau llenwi ffurflenni cais i fynd i Golegau Polytechnig dros y ffin. Roedd hynny nes i Ddirprwy Brifathro Ysgol Llanfair Caereinion, Arthur Jones, a oedd yn cyfeirio ata'i bob amser fel 'Miss Pen-bryn' fy stopio i ar y coridor un diwrnod a gofyn,

'Miss Pen-bryn, pam nad ydych chi wedi gwneud cais i fynd i'r Brifysgol?'

Atebais inne nad o'n i'n meddwl fy mod i'n ddigon clyfar, ond cefais fy siarsio ganddo i wneud cais am Brifysgol yng Nghymru. Mae hynny wedi gwneud cymaint o wahaniaeth i fy mywyd i, ac mae'n dangos pa mor bwysig ydy athrawon sydd wir yn dangos diddordeb yn y plant.

Ac felly y bu. Mi wnes i gais, gan roi Coleg Prifysgol Bangor fel dewis cyntaf ac Aberystwyth yn ail ddewis. Roedd hynny am nad oeddwn i'n hyderus y byddwn yn cael y graddau oedd eu hangen, sef dwy 'C' o leiaf i fynd i Fangor a 'B' ac 'C' i fynd i Aber. Mae hynny i'w weld yn bitw iawn erbyn hyn, ond bryd hynny roedd yn ofyniad mwy uchelgeisiol o lawer. Bangor oedd fy newis cyntaf ar bapur felly, ond i Aberystwyth ro'n i am fynd mewn gwirionedd.

Fel mae'n digwydd, mi gefais 'B' ac 'C', oedd yn fy ngalluogi i fynd i Aber ac roedd y Brifysgol yno'n barod i fy nerbyn. Ond mi olygai bod angen imi gael fy rhyddhau gan Fangor am fy mod eisoes wedi cael fy nerbyn yno'n swyddogol. Yn y cyfamser roedd Dad wedi bod yn sâl ac wedi derbyn llawdriniaeth fawr. Roedd yn wynebu llawdriniaethau pellach ac ro'n i am fynd i goleg oedd yn agosach er mwyn gallu dod adre'n amlach. Er nad oedd y pellter gymaint â hynny'n llai, roedd y siwrnai i Aberystwyth yn un fwy hwylus ar y pryd. Bythefnos cyn i dymor y Coleg ddechrau, cefais ganiatâd gan Fangor i newid i'r dref ger y lli.

Ro'n i'n gyfarwydd ag Aberystwyth ers pan o'n i'n blentyn. Am mai fi oedd yr ieuengaf o bump ro'n i, a Pat y ddol, yn cael mynd efo Mam a'i chwaer, Anti Bessie, i Aberystwyth ar wyliau pan o'n i'n blentyn. Mi fydden ni'n aros mewn Gwely a Brecwast oedd yn wynebu Traeth y

De a dwi'n cofio padlo yn y pwll bach ar y prom a mynd i wrando ar Gôr y Castell ar nos Sul. Roedd y cyfan yn antur mawr i mi bryd hynny.

Cefais le yn Neuadd Pantycelyn. Doedd neb arall o'r ysgol na'r ardal yno ar yr un pryd â mi hyd y gwyddwn i. Roedd y cyfan yn sioc, yn newid byd yn llwyr. Roeddwn wedi archebu tocynnau ar gyfer Penwythnos y Glas ac yn gobeithio y byddai pwy bynnag oedd yn rhannu ystafell â mi ym Mhantycelyn wedi gwneud hynny hefyd. Merch i Weinidog o Landeilo oedd honno a phan ofynnais iddi, mi atebodd na fyddai hi'n mynychu digwyddiadau o'r fath. Dyna ddiwedd ar y syniad yna felly, ond doeddwn i ddim yn bwriadu aros i mewn y noson honno, felly i ffwrdd â mi i grwydro'r coridorau i chwilio am gwmni. Yn ffodus, mi ddigwyddais daro mewn i Bethan, merch ffarm o Gwmllinau, a fu yn yr un cwrs chweched dosbarth â mi yn Y Dyffryn ger Caerdydd. O fewn ychydig oriau roeddwn wedi gwneud ffrindiau efo hanner dwsin o ferched, ac mae'r ffrindiau hynny'n rhai dwi'n eu trysori hyd heddiw.

Dyma'r bobl oedd am fy nabod i cyn iddyn nhw wybod fy mod i'n canu. Mi ddysgais i'n gynnar mewn bywyd bod yna rai pobl sydd am eich nabod chi am y rhesymau anghywir. Yn nyddiau cynnar Plethyn, ro'n i'n gweithio'n achlysurol gyda chwmni arlwyo yn y Trallwm. Mi fyddwn i'n mynd gyda nhw i giniawau yn yr ardal i weini. Yn ystod yr un adeg ro'n i hefyd yn mynd i giniawau tebyg gyda Plethyn i ganu. A dyna ichi wahaniaeth oedd yna rhwng agwedd rhai pobl tuag ata'i pan o'n i'n cario gitâr yn hytrach na chario powlen o sŵp, yn fy ffedog fach wen. Roedd yn agoriad llygad. Mi gafodd fy merched i brofiad tebyg yn gweithio i'r prif gwmni arlwyo yn yr Eisteddfod

Genedlaethol, a hynny yn y cyfnod cyn iddyn nhw ddechrau canu. Roedd y rhan fwyaf o'r cwsmeriaid yn glên a chwrtais, ond roedd rhai yn swta ac anghwrtais iawn efo'r staff. Roedd yn agoriad llygad iddyn nhw weld sut roedd rhai Cymry dosbarth canol yn ymddwyn tuag at rhywun mewn ffedog wen. Mae'n wers bwysig mewn bywyd. Dewiswch eich ffrindiau'n ddoeth a gwerthfawrogwch nhw. Maen nhw'n werth y byd.

Yn ôl at ddyddiau Coleg. Mi gymerodd gryn amser i fi setlo. Roedd arna'i hiraeth ofnadwy am y ffarm. Roedd Aberystwyth i fi, er yn dref fechan, yn lle cwbl drefol ei natur a'i naws. Doeddwn i ddim yn hyderus o gwbwl chwaith. I mi, roedd pawb arall i'w gweld yn fwrlwm o hyder. Roedd yna griwiau mawr yno oedd eisoes yn nabod ei gilydd yn dda. Roedd gan rai ohonynt rieni adnabyddus oedd yn wynebau cyfarwydd ym myd y cyfryngau ac ati. Ro'n i'n teimlo'n naïf ac yn ddibwys iawn yn eu plith.

Erbyn yr ail flwyddyn roeddwn wedi dechrau setlo. Hefyd, mi ddechreuais wneud ychydig o ganu yn y Coleg. Roedd Elfed erbyn hyn wedi gweld Myrddin ap Dafydd yn yr Eisteddfod Ryng-golegol ac wedi gofyn iddo pam nad oeddwn i'n cymryd rhan gyda'r coleg. Doedd gan Myrddin ddim syniad pwy oeddwn ni, na chwaith fy mod i'n canu. Dechreuais ymuno yn rhai o'r gweithgareddau wedi hynny, gan fagu dipyn o hyder.

Yn yr ail flwyddyn symudais i a rhai o'm ffrindiau lawr i'r dre i Neuadd John Williams ar y prom. Y bwriad oedd sefydlu neuadd hunan-arlwyo ar gyfer myfyrwyr Cymraeg a ni oedd y criw cyntaf i fynd lawr yno o Bantycelyn. Roedd gallu edrych allan ar y môr bob dydd yn wych, ac ychydig iawn o waith oedd yn cael ei wneud ar adegau. Mi fydden ni'n treulio oriau'n eistedd ger y ffenest, yn yfed coffi ac yn gwylio pobl yn mynd a dod ar hyd y prom. Mi fydden ni'n chwarae triciau weithiau. Un tro roedd myfyriwr roedden ni'n ei nabod wedi parcio gyferbyn. A dyma ni'n gadael nodyn awdurdodol ar ffenest flaen ei gar yn deud,

'Ilinear parking – please call at the police station.'

Wn i ddim o hyd a ydy 'ilinear' yn air go iawn ond roedd o'n swnio fel gair crand ar y pryd. Ac yno y buon ni wedyn yn disgwyl y myfyriwr yn ei ôl i weld beth fyddai ei ymateb. Ond yn y cyfamser mi ddaeth dyn canol oed a pharcio'i gar wrth ymyl y car cyntaf. Ar ôl iddo ddod allan o'i gar mi ddarllenodd y nodyn oedd ar ffenest y car drws nesa. Aeth yn ôl i'w gar ei hun ac yno y buodd o am hydoedd yn trio parcio'n fwy taclus, a ninnau yn y ffenest yn chwerthin am ei ben druan.

Bob hyn a hyn roedd Roy'n gadael imi ddod â'i gar o yn ôl i'r Coleg am gyfnod. Un tro roedd gen i a fy ffrindiau deganau saethu dŵr am ryw reswm. Wrth inni yrru i lawr y stryd fawr yn Aber, mi welson ni rai o fechgyn y drydedd flwyddyn. Agorwyd ffenestri'r car a'u chwistrellu â dŵr. Roedden ni'n meddwl bod y cyfan yn ddoniol iawn. Yn ôl â ni i'r neuadd gan chwerthin. Roedden ni'n dal i chwerthin ar ôl cyrraedd yn ôl i'r ystafell wely. Ond, yn sydyn dyma'r drws yn agor a bechgyn y drydedd yn cerdded i mewn gyda llond sosbenni o ddŵr. Roedden ni'n socian wlyb a thro'r bechgyn oedd hi i chwerthin.

Doeddwn i ddim yn hoffi digwyddiadau mawr oedd wedi'u trefnu ymlaen llaw rhyw lawer, pan oedd disgwyl i rywun gael hwyl. Ar hap fyddai'r nosweithiau gorau. Mynd allan ar nos Fawrth efo un o fy ffrindie hwyrach. Symud o'r dafarn i barti dirybudd yn nhŷ rhai o'r myfyrwyr eraill. Dwi'n cofio mynd i un parti o'r fath lle roedden nhw'n brin o wydrau. Dydy cwrw ddim yn blasu'r un fath allan o sosban rywsut, ond roedd yn gwneud y tro ar y pryd. Oedd, roedd 'Miss Pen-bryn' wedi setlo ac yn mwynhau bywyd coleg erbyn hyn.

Un o ddigwyddiadau mawr y flwyddyn oedd y Ddawns Ryng-golegol. Un flwyddyn, daeth fy mrawd Barrie, a Jac i lawr i'r ddawns. Ym Mhantycelyn oeddwn i bryd hynny. Dawns gwisg ffansi oedd hi, yn y Neuadd Fawr. Roedd Barrie wedi'i wisgo fel Don Estelle 'Whispering Grass', a Jac fel Dracula. Mi ddaethon nhw nôl gyda ni i Bantycelyn am goffi, ac mi barciodd Jac ei fan gerllaw. Pan ddaeth hi'n amser iddyn nhw fynd adre roedd y fan wedi diflannu. Lawr â nhw i swyddfa'r heddlu yn eu gwisgoedd ffansi. Holwyd y ddau'n drwyadl. Oedden nhw wedi cloi'r fan? Oedden. Ond roeddwn i'n rhyw feddwl bod Jac wedi gadael yr allwedd yn y fan. Fydden ni, bobol y wlad ddim yn meddwl gwneud yn wahanol.

Drannoeth, daethpwyd o hyd i'r fan ar y gornel gas ger Plas Cwmcynfelyn ar y ffordd i Glarach. Roedd yna ychydig ddifrod, ond dim byd difrifol. Ond doedd yr heddlu ddim yn hapus. Holwyd Jac, Barrie a finne ar wahân, a hynny'n ddidrugaredd. Roedd dau blismon yn ein holi, gan chwarae'r hen gêm plismon clên a phlismon cas. Roedd fy nghoesau i fel jeli erbyn imi adael y stesion. Dim ond wedyn y gwnaethon ni sylweddoli pam. Roedd gan Jac sticer Cymdeithas yr Iaith ar ffenest ôl y fan. Ac ar y noson y diflannodd y fan roedd difrod wedi'i achosi i fast teledu Blaenplwyf. Rhaid bod yr heddlu'n credu fod Jac wedi benthyca'i fan i rywun oedd wedi achosi'r difrod.

Neu hyd yn oed yn meddwl mai ni'n tri fu wrthi a'n bod ni'n ceisio twyllo gan ddeud bod y fan wedi'i dwyn.

Ar ddiwedd fy nghyfnod fel myfyrwraig, wyddwn i ddim beth i'w neud. Mi benderfynodd rhai o fy ffrindiau fynd ymlaen i wneud ymarfer dysgu ac mi benderfynais i fynd i Goleg Llanbadarn Fawr i ddilyn cwrs ysgrifenyddol ar gyfer graddedigion a myfyrwyr Lefel 'A', a hynny er mwyn cael aros yn Aber efo fy ffrindiau am flwyddyn arall yn fwy na dim.

Ar ddiwedd y cyfnod, cynigiais am swydd fel Trefnydd yr Urdd yn Sir Drefaldwyn ond chefais i mohoni. Yn fuan wedyn, roedd yna swydd weinyddol yn mynd ym Mhantycelyn ac mi gefais honno. Roedd Neuadd Cwrt Mawr eisoes wedi cael Swyddog Gweinyddol ac mi benderfynodd John Bwlchllan, Warden Pantycelyn, y dylai'r neuadd honno gael swyddog tebyg. Ysgrifenyddes oedd yno gynt. Roedd yn deimlad rhyfedd mynd yn ôl i'r Neuadd fel aelod staff. Newydd orffen fel myfyrwraig oeddwn i, ond roedd myfyrwyr Pantycelyn yn fy nhrin fel rhywun oedd lawer yn hŷn na nhw. Er enghraifft, un noson, roedd y Trwynau Coch yn perfformio yn nhafarn y Cŵps. Roedd aelodau'r grŵp yn y Coleg efo fi ac roedd hi'n noson hwyliog. Roedd criw ohonon ni'n eistedd ar gefn y seddi wrth i'r band chwarae. Aeth si ar led y diwrnod wedyn bod ysgrifenyddes Pantycelyn yn yfed cwrw ac yn dawnsio ar ben bwrdd yn y Cŵps.

Roedd y swydd ei hun yn un ddigon diflas, a doedd bod yn gaeth i swyddfa trwy'r dydd ddim yn fy siwtio o gwbwl. Roedd cwmni rhai o'r staff yn help i basio'r amser ac mi ddois i'n ffrindiau mawr gyda Mair Nixon a fu'n fwrsar yn y Neuadd am flynyddoedd lawer. Roedd ei chwmni hi'n donic. Pan fu farw Mair, mi drefnodd John Bwlchllan bod coeden fach yn cael ei phlannu yng ngardd Pantycelyn i gofio amdani.

Hefyd, mi gefais y fraint o fod ymhlith y cyntaf i weld cyfrol fawr John Davies, Hanes Cymru a hynny yn ei lawysgrifen ei hun, oherwydd mi fues i wrthi'n teipio rhannau ohoni pan fyddai pethau'n dawel yn y swyddfa. Roedd bod ar y bwrdd top yng nghiniawau mawreddog Pantycelyn yn lot o hwyl hefyd, ac roedd gweithio i John Bwlchllan, neu Dr Davies, fel y byddai staff y Neuadd yn ei alw, yn brofiad diddorol iawn.

Bob dydd bron byddai drws y swyddfa'n agor a John yn hwylio i mewn fel awel gan holi'r un cwestiwn bob tro yn ei arddull unigryw,

'Helo Linda! Unrhyw beth cyffrous?'

Yna, yn ddi-ffael, byddai'n tapio'i getyn ar ochr y ddesg, yn gwacáu'r llwch i'r bin ac yn ei ail-lenwi. Mi fyddai'r swyddfa byth a hefyd yn drewi o wynt tybaco. Doedd hynny ddim yn fy mhoeni i ryw lawer oherwydd roedd Dad yn ddyn cetyn. Roedd John Bwlchllan yn fòs caredig iawn. Toc ar ôl imi ddechrau gweithio ym Mhantycelyn mi es i'n sâl efo clwy'r chwarennau a bu'n rhaid imi golli chwe wythnos o waith. Mi gymerodd gryn ddwy flynedd imi wella'n llwyr. Dim ond imi flino ychydig, ro'n i'n sâl eto. Ro'n i'n cael hynny'n anodd a minnau newydd ddechrau ar fy swydd gyntaf, ond roedd gen i fòs oedd yn llawn cydymdeimlad. Ac roedd ei wraig Janet a'r plant lawn mor hynaws a charedig. Roedden nhw'n deulu annwyl iawn.

Roedd y myfyrwyr hefyd yn meddwl y byd o John Bwlchllan a'r teulu. Daeth rhai o eiriau a dywediadau John yn enwog. Geiriau fel 'dichon', 'ysblennydd' ac 'ysywaeth', 'joli' a 'hilariws'. Roedd yn cyfeirio at ddwy o ferched y Neuadd bob tro fel 'y lyfyli blondi ledis gyda'r tlwsglustiau', un arall o eiriau unigryw John Bwlchllan. Y feirniadaeth waethaf o unrhyw fyfyriwr oedd bod ei ymddygiad 'yn llai nag adeiladol'. Yn wahanol i lawer, roedd John yn parchu'r myfyrwyr ac roedden nhw felly'n ei barchu o.

Cefais fynd efo fo un diwrnod i weld ei fam, oedd yn byw ym mhentref y Dole ger Llandre. Roedd hi'n gymeriad a hanner ac yn ddynes annwyl tu hwnt. Wrth inni rasio i fyny rhiw Penglais yng nghar John, edrychais i lawr a gweld twll mawr dan fy nhraed. Ro'n i'n gweld y tarmac yn glir. Roedd o'n fy atgoffa o fynd yn y car efo Elfed. Roedd yna debygrwydd rhwng John Bwlchllan ac Elfed, dau oedd yn wahanol. Dau egsentric. Roedd yn fraint ac yn hwyl cael bod yn eu cwmni.

Dwi'n cofio taro mewn i John yn y Cŵps pan oedd Beca, un o ferched John a Janet, yn priodi. Roedd yna gacen priodas wedi'i chreu ar siâp map o Gymru. Mynnodd John fy mod i'n cael darn o'r gacen. Roedd y gacen yn gyfan, ac roedd Beca ar fin torri darn o'i gwaelod pan afaelodd John yn y gyllell,

'Na, na Beca, mae'n rhaid i Linda gael darn o Sir Drefaldwyn i fynd adre gyda hi' meddai.

Mi fyddwn i'n gweld John Bwlchllan yn achlysurol ar ôl imi roi'r gorau i weithio ym Mhantycelyn, ond tua diwedd ei oes, a'i iechyd yn torri, nid yr un John oedd o rywsut. Roedd y direidi wedi diflannu o'i lygaid a rhyw dristwch yn perthyn iddo. Mae'n well gen i gofio'r John bywiog, ffraeth a'i gwestiwn tragwyddol,

'Helo Linda! Unrhyw beth cyffrous?'

Oedd, bob amser – os oes John Bwlchllan o gwmpas y lle.

# Y Sguthan

Adroddaf ichi bwt o stori,
Mi geisiaf fynd yn drwstan drosti
A chwaith ni ddwedaf ond y gwir –
Y gwir a saif, dim ond y gwir.

Am ddau lanc ifanc o'r plwy' yma
Rhyw noson aethant ffwrdd i hela,
Aeth un â'i wn, a'r llall â'i gi
I gael bod yn siŵr o ddal y pry'.

Mi gododd un i fyny'i ben
A gwelodd sguthan ar y pren,
"O cydia di yng ngwar y ci
Rhag ofn iddo fynd o' nghafael i".

A charjo'r gwn wnaeth wedi hynny
A bacio nôl i gael lle i 'nelu
A'r llall yn crynu wrth fôn y pren
Rhag ofn i'r shots fynd oddeutu'i ben.

Pan aeth yr ergyd gyntaf allan
Yr oedd ei thwrw megis taran
A rhedeg wnaed i'r lle a'r fan
Rhag ofn i'r ci gael mwy na'i ran.

Fe'i cafwyd gynta' o geg y ci
Ac adre aethant, ffwrdd â hi,
A gofyn wnaed i wraig y tŷ
A wnai ei rhostio am ei phlu.

*Ysgol Pontrobert 1963*

Pan aeth y wraig ati i'w phluo
Mi glywai rhywbeth yn ymrwyfo
A gofyn wnaeth i deulu'r tŷ
A glywent hwy rhyw arogle cry'.

Doedd gwraig y tŷ ddim yn gwybod y cyfan
Mai wedi trigo oedd y sguthan
Ac wedi syrthio i fforch yn y pren
Nis gallai lai ond codi'i phen.

Roedd wedi mynd yn ôl ei phris
Ac wedi trigo ers pedwar mis
A'r llanciau ga'dd eu siomi'n siŵr
A'u swper hwy oedd briwes ddŵr.
Hen dro – briwes, briwes ddŵr.

*Traddodiadol*

Mae hon yn gân draddodiadol sy'n perthyn i ardal Llanwddyn. Mae'n boblogaidd iawn yn fy ardal enedigol i, a dwi ddim wedi'i chlywed hi'n cael ei chanu erioed gan rywun o'r tu allan.

Er ei bod hi'n gân sy'n perthyn i'r ardal, dwi wedi sylw bod yna ambell i air diarth ynddi, fel 'llanc' ac 'oddeutu'. Does gen i ddim syniad pam, ond mae hynny'n fy arwain yn dwt at bwnc diddorol iawn yn fy marn i, sef acenion a thafodiaith.

Mae acen Sir Drefaldwyn yn wahanol yn yr ystyr ein bod yn ynganu 'a' yn wahanol. Mae'n troi'n fwy o 'e', ond yn 'e' agored iawn, yn hytrach nag 'e' fain, fel sydd i'w glywed yn acen de Cymru. Mae yna lu o eiriau gwahanol yn perthyn i bob tafodiaith wahanol, a thros y blynyddoedd mae hynny wedi bod yn destun dryswch a digrifiwch i fi.

Pan ddechreuais i yn y Coleg yn Aber, prin yr oeddwn wedi sylweddoli bod gen i acen wahanol nes i rai o'r myfyrwyr ddechrau brefu fel defaid bob tro y byddwn i'n agor fy ngheg. Roedd rhai o eiriau a dywediadau Ceredigion yn ddiarth iawn imi bryd hynny. Pethau fel 'mynd am wâc', 'cornel ddansherys' a'r gair 'cacs', sy'n golygu cacennau yng Ngheredigion, ond oedd yn golygu rhywbeth hollol wahanol i fi pan o'n i'n blentyn. Pan ofynnodd un o fy ffrindiau coleg newydd imi a o'n i'n 'moyn cacs', atebais mod i newydd fod i'r tŷ bach diolch. Gofynnais i'r ferch oedd yn rhannu ystafell efo fi ar ddechrau fy arhosiad ym Mhantycelyn a oedd hi'n mynd adre am y penwythnos ac mi atebodd hithe 'man a man'. Doeddwn i ddim callach.

Bob hyn a hyn ro'n i'n mynd i Dregaron i aros efo

Nerys, fy ffrind coleg yno. Un noson roedden ni'n yfed yn oriau mân y bore yn y Talbot pan gerddodd PC Lake, yr heddwas lleol i mewn. Edrychodd arna'i efo fy niod o'm blaen a deud 'Y'ch chi'n dishgwl yn jocôs iawn fan hyn yn yfed'.

Am nad oedd gen i'r un syniad beth oedd ystyr y gair 'jocôs' mi atebais inne'n hyderus reit ac yn wên o glust i glust 'Ydw diolch yn fawr' heb sylweddoli mai bod yn sarcastig oedd o. Cefais gic dan y bwrdd gan Nerys a chafodd bawb gic allan o'r Talbot.

Mi ddigwyddodd 'na rywbeth arall doniol pan o'n i yng nghwmni Nerys, a hynny yn Yr Hen Lew Du yn Aberystwyth, er nad oedd o'n ymwneud ag acen mewn gwirionedd. Roedd rhywun roedd Nerys yn ei nabod o Dregaron yn y dafarn ac ar ôl clustfeini arnon ni'n sgwrsio am ychydig, mi ddaeth draw aton ni.

'Beth sy'n bod arnoch chi fyfyrwyr Cymraeg?' medde fo'n reit gas. 'Beth yw'r gair 'iwso' 'ma sy' gennoch chi drwy'r amser?'

'Beth y'ch chi'n deud 'te' gofynnodd Nerys iddo

'Wel, defnyddio fydda i'n iwso bob tro' oedd ei ateb.

Mae'r gair 'llanc' yn 'Y Sguthan' yn ddirgelwch i mi. 'Còg' yw'r gair a ddefnyddir yn yr ardal ar gyfer 'bachgen'. Mae llanc yn derm mwy gogleddol. Weithiau mae geiriau tafodieithol yn magu ystyr wahanol wrth eu treiglo ac mae hynny'n gallu achosi dryswch hefyd. Pan o'n i yn fy arddegau mi fyddwn i'n mynd i nofio ym mhwll nofio'r Trallwm efo fy ffrind ysgol. Nid nofio o'n i a bod yn fanwl gywir, achos doeddwn i ddim yn gallu nofio ar y pryd. Un prynhawn ro'n i'n sefyll ger y pen dwfn pan ddaeth bachgen bach digywilydd heibio a 'ngwthio i mewn. Fues i bron â boddi. Ro'n i'n deud y stori flynyddoedd wedyn wrth rhywun o'r de a phan ddedes i wrtho '... daeth rhyw gòg bech heibio a 'ngwthio i mewn i'r pwll' ei ymateb oedd 'typical Gogs!'

Dwi wedi dod i ddeall dros y blynyddoedd bod gan wahanol ardaloedd eiriau gwahanol am hen beswch bach cas. 'Hech' yw'r gair sy'n gyfarwydd i fi ar gyfer rhyw hen dicl o beswch felly. Tua dechrau'r wythdegau, mi fues i i oedfa yng Nghapel Horeb ym Mhenrhyncoch a pheswch trwy'r gwasanaeth. Wrth imi ysgwyd llaw gyda'r gweinidog ar y ffordd allan, mi ymddiheurais

'Sori mod i wrthi'n hechian trwy'r gwasanaeth' meddwn i.

Roedd yna olwg digon dryslyd ar ei wyneb, ond wnes i ddim sylweddoli pam nes i ffrind i mi ofyn,

'Be ar y ddaear ddedes di wrth y gweinidog?'

'Dim ond ymddiheuro am yr hechian,' meddwn i.

'Dwi ddim yn gwbod be 'di hechian ond roedd o'n swnio fel rhywbeth arall i mi!' oedd ei hateb.

Oes, mae'n rhaid bod yn ofalus weithiau gyda thafodiaith. Erbyn hyn dwi'n gyfarwydd iawn â thafodiaith Ceredigion wrth gwrs. Dwi wedi byw yn y sir ers deugain mlynedd bellach, ac ar wahân i'r duedd nawddoglyd braidd sydd yna ymhlith rhai dynion i alw pob merch yn 'bach' bob yn ail air, dwi wrth fy modd efo'r acen. Pan o'n i'n disgwyl Lisa, fy mhlentyn cyntaf, ro'n i'n credu'n bendant y byddai hi'n siarad efo acen Sir Drefaldwyn am mai fi fyddai'r dylanwad pennaf arni wrth iddi ddysgu siarad. Ond daeth Roy fy mrawd heibio rhywdro pan oedd Lisa'n fach a dechrau chwarae pêl efo hi. Mi ddiflannodd y bêl ac mi ofynnodd Roy

'Lle mae'r bêl wedi mynd Lisa?'

Ei hateb oedd

'Fi wedi cwato fe!'

Mi wyddwn i bryd hynny mai acen Ceredigion fyddai gan fy mhlant i, ond ro'n i'n hollol hapus efo hynny. Maen nhw'n Gymry Cymraeg, dyna sy'n bwysig, ac mae pob tafodiaith yn rhywbeth i'w thrysori a'i dathlu.

Mae 'Y Sguthan' ymhlith y caneuon sydd ar albwm gyntaf Plethyn, sef *Blas y Pridd* a recordiwyd yn 1979 yn Stiwdio Sain. Dwi'n cofio'r gwahoddiad yn dod, a ninnau'n mynd i fyny i Landwrog i recordio yn y stiwdio fach yng Ngwernafalau bryd hynny. Hen sgubor oedd y stiwdio a dim ond dwy ystafell fach oedd yno. Roedd y criw cynhyrchu yn un a ninnau yn y llall. Doedd dim gwydr rhwng y ddwy felly bob tro y byddai angen trafod, roedd yn rhaid agor dau ddrws.

Ar benwythnosau roedd y recordio'n digwydd gan fod Roy a Jac yn gaeth i'w swyddi dysgu yn ystod yr wythnos. Dwi'n credu inni gymryd rhyw dri phenwythnos i gwblhau'r gwaith. Y flwyddyn wedyn mi agorodd Sain stiwdio newydd, grand yn llawn adnoddau modern ychydig i lawr y ffordd o'r hen un. Wyth trac oedd y stiwdio yng Ngwernafalau. Roedd yr un newydd yn un 24 trac. Ar y pryd roedd hi'n un o'r stiwdios recordio mwyaf modern yn Ewrop.

Roedd recordio'n brofiad newydd i ni, ac yn broses lafurus nad oedden ni'n ei mwynhau. I ni, roedd y cyfan yn arbennig o anodd gan ein bod ni'n canu nifer o'n caneuon yn ddigyfeiliant. Roedd hi'n anodd cael pob nodyn yn ei le. Doedd unman i guddio. Wedi i'r albwm gael ei ryddhau, mi wrandewais arni unwaith ar y peiriant recordio bach coch a gwyn ym Mhen-bryn, a phenderfynu nad o'n i isio'i chlywed hi byth eto. Oes, mae yna bethau y byddai'r tri ohonon ni'n eu newid erbyn hyn mae'n siŵr, ac eto i gyd, o wrando arni heddiw, dwi'n teimlo mai dyna'r albwm oedd fwyaf triw i'n math ni o ganu ar lwyfan. Roedd hi'n fwy amrwd, yn fwy moel, heb unrhyw ffrils cerddorol.

Yn y stiwdio newydd y gwnaethon ni recordio'n hail albwm, *Golau Tan Gwmwl*. Ac yn y lle newydd roedd mwy o gyfle i arbrofi. Roedden ni wedi clywed grwpiau gwerin fel Clannad yn creu rhyw seiniau arallfydol. A ninnau, wrth inni fynd ymlaen i recordio trydedd a phedwerydd albwm yn teimlo ein bod ni am arbrofi ychydig, gan ddyblu'n lleisiau i drio creu rhyw sŵn gwahanol.

Yn y stiwdio newydd roedd unrhyw beth a phopeth yn bosib. Roedd yno offer ar gyfer creu sŵn gwahanol offerynnau, a hyd yn oed creu sŵn lleisiau. Roedd yr holl beth yn ein dychryn braidd, ac roedden ni'n dechrau amau na fyddai angen offerynwyr a chantorion o gwbl yn y dyfodol. Ond sain wedi'i gynhyrchu oedd y canlyniad yn hytrach na sain naturiol. Roedd yna duedd i or-arbrofi, fel plant gyda theganau newydd. Roedd yn hwyl ac roedd bron pawb wrthi ar y pryd.

Erbyn inni fynd ati i recordio *Goreuon Plethyn* ar gyfer Steddfod Meifod yn 2003, roedden ni wedi callio rywfaint. Roedd angen ail-recordio rhai o'r caneuon a recordiwyd yn ystod y cyfnod arbrofol hwnnw. Roedden ni'n teimlo ein bod wedi mynd dros ben llestri a bod angen mynd yn ôl at ein harddull mwy syml a gwerinol.

Er gwaetha'r gwaith llafurus o recordio, roedd yna hwyl i'w gael. Hefin Elis oedd yn cynhyrchu albwm gyntaf Plethyn, *Blas y Pridd*. Mae Hefin yn gerddor talentog dros ben. Mae ganddo hiwmor sych ac mae'n ddi-flewyn ar dafod. Dwi wrth fy modd yn ei gwmni. Mae ei wraig Marian yr un peth. Hi oedd fy ffrind gorau i yn Ysgol Gynradd Pontrobert, a Marian Tŷ'r Ysgol dwi'n ei galw hi hyd heddiw. Roedd ei thad hi, Elfed Thomas, yn brifathro'r ysgol pan o'n i yn y dosbarth bach. Roedd o'n ddigrifwr ac yn arweinydd nosweithiau llawen gwych. Mi fyddai'n rhannu nosweithiau gyda Plethyn yn aml, ac er ein bod wedi clywed ei jôcs droeon, roedden ni'n dal i chwerthin bob tro. Roedd o'n ddyn doniol iawn ar lwyfan ond roedd gan y plant ei ofn yn yr ysgol. Dyna fel yr oedd hi bryd hynny. Marian a fi sy'n dal y cwpan yn y llun o Ysgol Bont ac mae'r ddwy ohonon ni'n gwisgo'r un sgidie, rhai o siop Tom Crydd yn y pentre. Mae Roy i'w weld hefyd, yn sefyll nesa at Elfed Thomas yn y rhes gefn, a Barrie, brawd arall, yr ail o'r dde yn y rhes ganol. Mae eu traed nhw o'r golwg, ond sgidie Tom Crydd yn union fel rhai Marian a fi maen nhw'n gwisgo, allwch chi fentro.

Yn ôl at yr hwyl yn y stiwdio. Doedden ni ddim yn offerynwyr arbennig o dda ond yn gwneud y tro ar lwyfan. Ni'n tri fyddai'n gwneud y cyfeilio sylfaenol yn y stiwdio ond gydag eraill yn ychwanegu. Un tro, a Roy wedi straffaglu i roi trac gitâr i lawr nes bod ei fysedd o'n brifo, awgrym Hefin oedd,

'Tria fo eto heb y menig!'

Dro arall, roedd Roy'n cael trafferth canu ac yn clirio'i wddf trwy'r adeg. 'Mae gen i hen froga yn fy ngwddw,' meddai,

A finne'n ateb, 'Pam na wnei di adael iddo fo roi cynnig arni. Hwyrach geith o well hwyl.'

Wrth recordio, mi fyddai'r tri llais yn mynd ar draciau gwahanol. Roedd hynny'n hwyluso'r broses. Yn aml mi gâi'r lleisiau eu chwarae'n ôl ar wahân. Dwi'n cofio ni'n gwrando ar lais Roy yn unig yn ystod un gân, 'Ffarwèl i'r Picws Mali.' Mi ddaeth hi'n amlwg yn fuan iawn mai dim ond un nodyn oedd gan Roy trwy'r gân gyfan. Gyda thri llais doedden ni ddim wedi sylwi. Roedd yn swnio'n ddoniol iawn ac mi gafodd ei chwarae yn ôl dro ar ôl tro. Yn ffodus, roedd Roy'n gweld yr ochr ddoniol hefyd. Fo oedd yn ei chael hi waethaf yn y stiwdio, mae'n amlwg.

Yn nes ymlaen, bu Gareth Hughes Jones ac yna Tudur Morgan yn cynhyrchu recordiau Plethyn. Roedd y ddau'n glên ac yn amyneddgar iawn. Eu sylw nhw yn aml, ar ôl inni orffen cân fyddai,

'Dewch trwodd i wrando.'

Roedd hynny bob amser yn arwydd gwael.

Roedd fy agwedd i a Roy tuag at y gwaith yn wahanol iawn i un Jac. Mi fydden ni'n cerdded yn ôl ac ymlaen ar bigau drain yn gwrando'n astud ar bob nodyn. Ond mi fyddai Jac yn eistedd yno'n darllen papur newydd ac yn byta siocled neu greision, heb gymryd fawr o sylw. Ar y diwrnod olaf, mi fydden ni'n gosod traciau'r offerynnau ychwanegol ac roedd hwnnw'n ddiwrnod prysur i Jac. Doedd o ddim yn mwynhau gorfod ail-wneud rhywbeth dro ar ôl tro a dwi ddim yn siŵr sut siâp fyddai ar bethau petai Jac wedi cael ei ffordd ei hun yn y stiwdio.

Mi fydden ni'n aros dros nos rhywle yn yr ardal, gan amlaf yn y Black Boy yng Nghaernarfon. Am fod y sesiynau yn y stiwdio'n eitha dwys yn ystod y dydd, roedd yna lawer o nonsens a thynnu coes yn y boreau a'r nosweithiau. Mi fydden ni'n cael brecwast mawr cyn dechrau recordio a doedd Jac ddim yn licio sosej. Roedd yna ddadlau chwareus bob bore ynghylch p'un ai fi neu Roy fyddai'n cael y sosej sbâr. Un bore wrth i'r weinyddes gerdded i mewn efo plât bwyd Jac, mi faglodd ar ymyl y mat. Mi hedfanodd y plât a'i gynnwys drwy'r awyr ac mi laniodd y sosej yn dwt ger y sosej oedd ar blât Roy. A dyna setlo'r ddadl y bore hwnnw.

Aeth Plethyn ymlaen i recordio a rhyddhau 10 casgliad o ganeuon yn y pen draw, gan gynnwys CD *Goreuon Plethyn*, ac rwyf inne wedi rhyddhau pum casgliad fel cantores unigol, neu efo fy merched. Mae cael mynd i stiwdio recordio'n fraint. Mae'n braf hefyd cael yr holl ganeuon ar gof a chadw, ond i mi, dydy'r broses o recordio ddim haws nag yr oedd yn y dyddiau cynnar. Mae'n broses fecanyddol, o reidrwydd, ac yn rhy debyg i ragbrawf mewn Steddfod. Mae'n anodd bod ar eich gorau heb gynhesrwydd ac ymateb cynulleidfa, a'r rhyddid i berfformio yn ôl yr hwyl. Dyna ydy hanfod canu gwerin.

# La Rochelle

Tonnau y môr sy'n nofio'n fy meddwl,
Dan gysgod yr haul a'r wybren ddi-gwmwl
Daw seiniau cyfarwydd gan goeden y palmwydd
I'm hudo, un noson yn Ffrainc.

*Cytgan:*
*Yn La Rochelle, o-ho! mae'r gwinoedd yn llifo,*
*Yn harbwr y dref mae'r llongau yn hwylio,*
*Yng nghwmni cyfeillion mae'r byd a'i obeithion*
*Yn felys yn La Rochelle.*

Gwylan fy serch yn hofran ar awel
Yn agos a phell, yn esgyn mor dawel,
Mae f'enaid yn gorffwys yng ngwynder paradwys,
Hudolus, un noson yn Ffrainc.

Aros mae'r llun ond newid mae bywyd
Gan adael y rhith ar ddalen o freuddwyd.
Mor hyfryd y gwyliau ar femrwn o liwiau
Hudolus, un noson yn Ffrainc.

*Penri Roberts*

*Plethyn yn Lorient, 1977*

Cafodd Plethyn ddau brofiad gwahanol iawn yn Llydaw. Mi fuon ni yno yn 1977 a 1978 i Ŵyl Lorient. Mae'r gân 'La Rochelle' yn fy atgoffa o'r tywydd braf a'r hwyl a gawson ni yn Llydaw bryd hynny.

Sefydlwyd yr Ŵyl Ryng-Geltaidd neu Goulioù Etrekeltiek An Oriant yn 1971 gan Polig Montjarret. Mae hi'n ŵyl sy'n rhoi llwyfan i gerddoriaeth, y celfyddydau cain, dawns, theatr, bwydydd a chwaraeon. Mae'r perfformiadau'n digwydd ledled y ddinas ac mae'r ŵyl yn denu miloedd o berfformwyr a chefnogwyr. Yr anfantais i ni'r Cymry yw ei bod hi'n cael ei chynnal ar yr un wythnos â'r Eisteddfod Genedlaethol.

Roedden ni'n canu'n bennaf mewn adeilad anferth, sef y Palais de Congres. Mi fyddai 'na *Fest Noz* yno bob nos, a honno'n mynd ymlaen hyd oriau mân y bore. Mae'r Llydawyr yn gallu bod yn bobl aflafar, hynny yn yr ystyr gorau. Roedden ni'n nerfus felly am fod llawer o'n cerddoriaeth ni'n ddigyfeiliant a thyner. Yn y *Fest Noz*, mi fydden ni'n canu am hanner awr wedi dau y bore weithiau, a'r awyrgylch erbyn hynny'n swnllyd a gwyllt, a'r *chouchen* a'r *cidre bouché* yn llifo. Ond mi ddaethon ni i ben rywsut, ac roedd y Llydawyr wrth eu boddau efo caneuon fel 'Oes Gafr Eto'. Ar ddiwedd pob cytgan roedden nhw yn eu helfen yn bloeddio 'Las, las, las!'. A phob lliw arall. Ond am ryw reswm, glas oedd y ffefryn. Am fod y peth yn swnio'n Llydewig rywsut, siŵr o fod.

Roedd yna nifer o lwyfannau yma ac acw ar hyd y strydoedd. Un tro, a ninnau'n canu ar un llwyfan, roedd yna foi'n chwarae'r bombard mewn band ar y llwyfan nesaf. Mae'n offeryn swnllyd iawn ac mi gafodd Jac, yn arbennig, lond bol ar y sŵn. Aeth draw i ofyn iddo dawelu am ychydig ac mi drodd pethau braidd yn gas. Mi fu boi'r bombard yn lwcus i beidio â chael yr offeryn wedi'i lapio am ei gorn gwddw y noson honno.

Mi gafodd Roy ddihangfa lwcus dro arall hefyd. Un noson roedd o'n sefyll yn y Palais de Congres yn sipian cwrw ac yn meindio'i fusnes ei hun pan drodd y dyn anferth yma ato. Albanwr garw'r olwg oedd o, ac mi syllodd yn sarrug i lawr ar Roy. Dyma Roy'n ei gyfarch yn gyfeillgar,

'All right, mate?'

Ond mi syllodd yr Albanwr i lygaid Roy a chwyrnu, 'No, I'm not all right. Yer standin on ma foot!'

Mi ymddiheurodd Roy a symud ei droed. Y bore wedyn roedden ni'n gwylio rhai o'r chwaraeon yn y stadiwm. A dyna lle'r oedd y cawr Albanaidd yn taflu'r caber fel petai'n ffon goctêl. Do, mi fu Roy'n lwcus!

Mi fuon ni'n canu mewn mannau digon bisâr yn ystod yr ŵyl, gan gynnwys archfarchnad. Roedd yn brofiad od canu'n ddigyfeiliant o amgylch y meic, a phobl yn gwthio'u trolis llwythog heibio i ni.

Bob nos mi fydden ni'n mynd i'r Flash Bar ger y Palais de Congrais. Roedd y lle'n orlawn, y gwin yn ofnadwy a'r toiledau'n drewi, ond roedden ni'n ifanc a doedd y pethau hynny ddim yn poeni rhyw lawer arnon ni. Doedd ein Ffrangeg ni ddim yn dda a deud y lleiaf. Er enghraifft, roedd Roy'n cael trafferth archebu cwrw. Bob tro y byddai'n holi am une bière, mi fyddai'n dod yn ôl â dau lasied, neu dyna oedd ei esgus beth bynnag.

Ro'n i'n difaru erbyn hyn nad oeddwn wedi cymryd rhyw lawer o sylw yn ystod fy ngwersi Ffrangeg yn yr ysgol. Ro'n i'n gwybod sut i ofyn ble oedd yr eglwys, a sut i archebu stampiau yn y Swyddfa Bost, ond doedd hynny o fawr o ddefnydd yma. Roedd Roy a fi'n meddwl bod Ffrangeg Jac yn eitha' da ond yn sylwi ei fod yn deud *Qu'est-ce que c'est* yn aml. Dim ond wedyn neson ni ddeall mai 'beth yw hwnna?' oedd ei ystyr. Mae'n amlwg nad oedd Ffrangeg Jac fawr gwell. Un noson mi fuon ni'n sgwrsio efo Llydawr ifanc oedd yn deud ei fod wedi bod i Gymru.

'*The beer is sweet*' medde fo mewn acen Lydewig drom.

Dyma ni'n cytuno efo fo. Oedd, roedd 'na gwrw da yng Nghymru. Dim ond ar ôl iddo roi sawl cynnig arni, gan fynd yn fwy a mwy rhwystredig bob tro y daethon ni i ddeall mai '*Aber-yst-wyth*' roedd o'n trio'i ddeud, nid deud bod y cwrw'n felys.

Roedd perfformwyr yr ŵyl yn aros mewn dormitoris. Roedd yna un i'r merched ac un i'r bechgyn. Roedd côr merched o Gymru'n aros yno efo ni un flwyddyn. Roedden nhw ar shifft gwahanol i ni am eu bod yn codi'n gynnar ac yn mynd i'r gwely'n gynnar. Roedden ni'n mynd i'r gwely'n gynnar hefyd, ond yn gynnar y bore yn eich hachos ni. A doedden ni ddim yn codi tan hanner dydd. Ychydig iawn welson ni o'r côr felly.

Un noson ro'n i'n cysgu. Mi ddeffrais yn sydyn a gweld Jac wrth ochr y gwely. Roedd o'n sefyll yno mewn pants 'novelty' oedd yn cyhoeddi ei fod yn 'dynamite', gyda llun 'plunger' lliw oren ar y ffrynt. Mi lwyddais i'w berswadio i fynd yn ôl i'w wely, a'i arwain yno gerfydd ei law drwy ganol yr holl ferched, oedd wedi deffro erbyn hyn. Rhyw dro drannoeth mi ddigwyddais weld rhai o'r merched.

'Wel! Wel! Welson ni'ch sboner chi neithiwr yn mynd heibio â thwll yn ei bants!' meddai un ohonyn nhw wrtha i.

Bu'n rhaid imi esbonio nad oedd Jac yn 'sboner' i fi yn un peth. Ac yn ail, doedd yna ddim twll yn ei bants. Gweld llun y 'plunger' oren wnaeth y merched, a hwnnw'r un lliw â gwallt Jac. Does dim angen deud mwy nagoes. Mae yna lawer o hanesion eraill allwn ni eu hadrodd am Lorient, ond feiddia' i ddim.

Yn y dyddiau hynny ro'n i'n ffan mawr o'r gantores werin Americanaidd, Joan Baez. Roedden ni'n canu ar un o lwyfannau'r stryd un fin nos, a phwy ddaeth heibio ac oedi i wrando arnon ni ond Joan Baez ei hun. Mi arhosodd yno am ddeng munud a mwy yn gwrando. Roedd fy nghalon i'n curo fel gordd. Yn nes ymlaen y noson honno roedd hi'n perfformio yn y stadiwm, a finne wedi bod yn edrych ymlaen yn eiddgar at ei gweld a'i chlywed hi'n canu. Yn ystod yr wythnos, roeddem yn cael ein prydau bwyd i gyd yn y Palais de Congrais, ac roedd yna ddiodydd llawn swigod i'w hyfed. Mae'n amlwg imi yfed lawer gormod o'r diodydd hyn, ac ar ganol cyngerdd Joan Baez, mi ddechreuais deimlo'n sâl a bu'n rhaid imi fynd yn ôl i'r dormitori. Bu'n rhaid galw'r doctor am fy mod mewn poen ofnadwy, ond yn y diwedd colic oedd arna'i. Dyna ichi siom oedd colli perfformiad gan fy arwres.

Roedd Plethyn wedi cael argraff dda iawn o Lydaw felly ar ddiwedd y saithdegau, ond mi newidiodd hynny tua chanol yr wythdegau. Roedd rhywun roedd Jac yn ei nabod wedi trefnu taith i ni i Lydaw. Neu felly roedden ni'n meddwl wrth inni deithio draw yn y fan roeddem wedi'i llogi ar gyfer y trip.

Taith fer o berfformiadau bach mewn tafarndai ac ati oedd hi i fod, gydag un cyngerdd mwy ar y diwedd. Y tro hwn, doedd y tywydd ddim o'n plaid. Mi lawiodd yn drwm o'r eiliad cyntaf tan yr eiliad olaf. Doedd dim byd wedi'i drefnu ar ein cyfer ni chwaith. Mi aethon ni i dafarn allan yn y wlad lle'r oedden ni i fod i gychwyn y daith. Doedd neb ond y tafarnwr a dau neu dri chwsmer yno. Mi fuon ni'n chwarae dartiau i ddiddanu'n hunain drwy'r nos. Pan ddaeth hi'n ddiwedd nos, doedd dim golwg o drefnydd y daith a doedd ganddon ni ddim lle i aros. Doedd dim sôn am ffonau symudol yr adeg honno, felly mi gynigiodd y tafarnwr le inni aros i fyny'r staer. Pan eson ni fyny efo'n bagiau roedd y lle fel twlc. Roedd y gwelyau'n fudur ac yn damp. Roedd Jac yn honni iddo weld llygoden yno, a bod honno hefyd yn edrych yn damp. Doedd ganddon ni ddim dewis ond cysgu yn y fan.

Yn ystod ein harhosiad, dyna fu'r hanes. Dim wedi'i drefnu. Dim llety. Un tro bu'n rhaid inni gysgu mewn sgubor gyda'r ieir drws nesa inni. Ond roedd y croeso ar yr aelwyd honno'n gynnes a'r cwmni'n glên er nad oedd ganddyn nhw le inni aros. A dwi'n dal i gofio'r omelette a'r bara gawson ni ganddyn nhw i swper yn yr oriau mân. Roedd yn werth cysgu drws nesa i'r ieir i flasu honno.

Cawsom groeso arbennig hefyd yn Nhafarn Tŷ Elise yn Plouyé gan Bernard 'Byn' Walters, o Gellideg, Merthyr Tudful yn wreiddiol. Roedd cael pryd o fwyd a rhywle cynnes, glân i gysgu'n brofiad i'w drysori erbyn hynny.

Yna, ar y noson cyn inni adael, roedd y gyngerdd ffurfiol ac mi aeth honno'n dda. Dyna'r noson oedd i fod i dalu am ein taith, ond doedd dim sôn am dalu ac er bod gennon ni gytundeb ar bapur, chawson ni mo'n pres.

Mi adawson ni ddiwrnod yn gynnar. Rhwng y glaw a'r diffyg trefnu – a dim tâl – roedden ni wedi cael llond bol ac yn hapus o gael cyrraedd adre. Mi gawson ni'n talu yn y diwedd, ond dim ar ôl cryn drafferth, a hynny dros flwyddyn yn ddiweddarach.

Fuodd Plethyn ddim yn teithio gymaint â hynny, yn bennaf am fod y tri ohonon ni â swyddi llawn amser. Ond mi fuon ni i Baris fwy nag unwaith, i Galiffornia, Seattle, Vancouver, a gŵyl leiafrifol yn Sardinia.

Yn 1995, a finne'n disgwyl Mari, fy merch ieuengaf, mi ffoniodd Merfyn Williams o Gwmni Opus yn gofyn a hoffen ni fynd i Fethlehem ym mis Rhagfyr y flwyddyn honno i recordio carolau ar gyfer rhaglen Nadolig. Roeddem yn gyfarwydd iawn â Merfyn. Cwmni Opus oedd yn gyfrifol am recordio cyfres deledu Plethyn ac fel mae'n digwydd, bron bob tro ro'n i'n ffilmio rhaglen i Gwmni Opus, ro'n i'n feichiog.

'Tria beidio â bod yn feichiog y tro yma' meddai Merfyn.

'Rhy hwyr, Merfyn' meddwn i.

Ar ôl iddo ddeall ein bod yn awyddus i fynd, aeth ymlaen i wneud y trefniadau. Ond mi ffoniodd yn ôl ymhen hanner awr

'Ti ddim yn mynd i gredu hyn Linda', meddai 'Ond does dim lle yn y llety i ti!'

Oedd, roedd Bethlehem yn llawn dop, ond mi lwyddodd i gael lle i ni yn Jerwsalem yn y diwedd.

Mi gododd problem arall wedi inni gyrraedd. Fel arfer mae'r tywydd yn fwyn yn Jerwsalem ym mis Rhagfyr. Roedd y criw ffilmio wedi bod yno o'r blaen ac wedi deud mai dillad ysgafn yn unig oedd ei hangen arna'i, ond i ddod â chardigan i wisgo fin nos. Pan gyrhaeddon ni, roedd y lle dan eira! Dwi ddim wedi bod mor oer yn fy mywyd.

Roedden ni'n recordio nifer o'r carolau yn yr awyr agored. Roedd y cwmni wedi trefnu bwyd picnic inni amser cinio gan feddwl y byddai'r tywydd yn braf. Dydy byta picnic yn yr eira ddim yn lot o hwyl.

Un prynhawn roedden ni'n canu yn adfeilion palas y Brenin Herod. Ro'n i'n eistedd ar gerrig oer ers hydoedd, a phum mis yn feichiog, felly roedd angen tŷ bach arna'i a doedd dim un yno. Bu'n rhaid imi fynd tu ôl i wal gerllaw. Roedd yn brofiad diddorol ac yn gyfle imi gael mynegi fy marn am y Brenin Herod mewn ffordd reit unigryw!

Mi ges i gryn ddadrithiad ym Methlehem. Ro'n i wedi edrych ymlaen at fynd yno. Ond pan gyrhaeddon ni, roedd hi'n bwrw hen eirlaw diflas ac roedd y lle'n wahanol iawn i'r disgwyl. Doedd dim golwg o unrhyw stabal llwm, ac roedd tair eglwys fawr wedi'u hadeiladu yno. Lawr y staeriau yn un o'r rheiny mae'r safle lle honnir i Iesu Grist gael ei eni. Roedd awyrgylch uchel-eglwysig iawn i'r lle gyda'r offeiriaid yn hofran yn eu lifrai du, yn edrych yn bwysig iawn. Dwi'n credu iddyn nhw fynnu cael cildwrn gan y criw cyn rhoi caniatâd iddyn nhw ffilmio. Ro'n i'n teimlo nad oedd dim wedi newid yno ers yr hanes am Iesu Grist yn clirio'r deml.

I mi, roedd ogof y geni'n edrych fel 'grotto' digon di-chwaeth. Roedd llond bysus o dwristiaid yno ac roedd rhai ohonyn nhw'n flin am ein bod ni'n ffilmio a hwythau wedi gorfod aros i fynd i mewn. Allan ar y stryd roedd yna nifer o siopau'n gwerthu nwyddau bach 'tacky' i'r ymwelwyr.

Roedd yna lawer o dyndra yno hefyd oherwydd y gwrthdaro rhwng y Palestiniaid a'r Israeliaid. Roedd presenoldeb yr heddlu a milwyr yn amlwg iawn. Bu'n rhaid inni deithio mewn cerbyd oedd yn gwrthsefyll bwledi i fynd i un rhan o'r ddinas. Profiad diarth ac annymunol iawn. Yr unig adeg wnes i deimlo awyrgylch go iawn oedd allan yn nhawelwch y wlad, pan fuon ni i'r fan lle'r roedd y bugeiliaid allan yn y maes yn gwylio'u praidd yn ôl y sôn. Unwaith eto, roedd eglwys wedi'i hadeiladu ar y safle. Ond roedd edrych ar dref Bethlehem a'i hadeiladau gwyngalchog o bell yn cyd-fynd yn well â'r ddelwedd oedd gen i o'r lle ers dyddiau Ysgol Sul.

Dwi'n falch imi gael y cyfle i fynd i Fethlehem a Jerwsalem, a dwi'n gwybod bod yna rai sydd wedi cael profiad gwahanol iawn i mi wrth ymweld â'r ardal, ond dwi ddim ar unrhyw frys i fynd yn ôl yno. Mi fase rhai'n deud mod i'n ormod o sinig mae'n siŵr, ac hwyrach eu bod nhw'n iawn.

# Tân yn Llŷn

*Cytgan:*
*Beth am gynnau tan fel y tân yn Llŷn?*
*Beth am gynnau tân fel y tân yn Llŷn?*
*Tân yn ein calon, a thân yn ein gwaith,*
*Tân yn ein crefydd, a thân dros ein hiaith.*
*Tân, tân, tân, tân,*
*Beth am gynnau tân fel y tân yn Llŷn?*

D.J., Saunders a Valentine,
Dyna i chwi dân gyneuwyd gan y rhain!
Tân yn y gogledd yn ymestyn lawr i'r de,
Tân oedd yn gyffro drwy bob lle.
Tân, tân, tân, tân,
Beth am gynnau tân fel y tân yn Llŷn?

Gwlad yn wenfflam o'r ffin i'r môr,
Gobaith yn ei phrotest, a rhyddid iddi'n stôr;
Calonnau'n eirias i unioni'r cam
A'r gwreichion yn Llŷn wedi ennyn y fflam.
Tân, tân, tân, tân,
Beth am gynnau tân fel y tân yn Llŷn?

Ble mae'r tân a gyneuwyd gynt?
Diffoddwyd gan y glaw, a chwalwyd gan y gwynt.
Ai yn ofer yr aberth, ai ofer y ffydd
Y cawsai'r fflam ei hail-gynnau ryw ddydd?
Tân, tân, tân, tân,
Beth am gynnau tân fel y tân yn Llŷn?

*Ann Fychan*

*Michael, un o ddynion y troliau a'r ceffylau, Cilarni*

Pan o'n i yn y coleg ar fy ail flwyddyn yn 1977 mi welais i hysbyseb yn *Y Cymro* yn deud bod angen artist neu artistiaid i gynrychioli Cymru yn y gystadleuaeth canu gwerin yn yr Ŵyl Ban-Geltaidd yng Nghilarni. Clwb y Triban yn y Rhyl oedd yn trefnu'r digwyddiad. Penderfynais roi cynnig arni. Gobaith cael trip i Iwerddon am ddim – dyna oedd yr apêl fwyaf.

I fyny â fi felly i Glwb y Triban. Roedd tri ohonon ni'n cystadlu a Ieuan ap Siôn oedd y beirniad. Mi enillais, a chael y cyfle i fynd draw i Gilarni. Roedd bws wedi'i drefnu gan Glwb y Triban.

Cefais lifft i'r Rhyl a dal y bws yno. Doeddwn i'n nabod neb, ond mi newidiodd hynny'n ddigon sydyn am eu bod nhw'n griw hwyliog a chyfeillgar iawn. Mi syrthiais mewn cariad â Cilarni ar unwaith, y llynnoedd a'r mynyddoedd. A'r bobl yn arbennig.

Yn ystod y prynhawn cyn y gystadleuaeth ro'n i wedi bod ar daith gyda'r criw. Roedden wedi cyrraedd yn ôl yn hwyr a chês i ddim cyfle i olchi 'ngwallt hyd yn oed. Draw â fi i'r ganolfan gystadlu mewn jîns a chrys-T yn ôl fy arfer. Roedd yna bedwar ar ddeg yn cystadlu a'r rhan fwyaf o'r rheiny wedi gwisgo'n smart iawn. Mi ganais i 'Merch ei Mam', sef cân roedd Elfed wedi'i dysgu i mi, a 'Bwthyn fy Nain', y gân werin ddysgodd Mam i fi. Gyda chymaint yn cystadlu, wnes i ddim meddwl bod gen i obaith ennill. Ro'n i wedi gwireddu fy ngobeithion beth bynnag, sef cael mynd i Gilarni. Ar ôl canu, mi es i draw i'r dafarn. Ymhen ychydig dyma rywun yn gweiddi fy enw. Ro'n i wedi ennill.

Roedd yn sioc enfawr i fi. Roedd Dafydd Iwan yn un o'r beirniaid ac mae'n siŵr bod hynny wedi bod o'm plaid. Roedd Dafydd bob amser yn gefnogol iawn ohona i a Plethyn. Ar wahân i ennill ar y gân werin yn Eisteddfod Powys gyda'r Aelwyd, doeddwn i ddim wedi ennill dim byd gwerth sôn amdano erioed. Ro'n i'n ddihyder iawn ar y pryd ac mi roddodd hwb mawr i fy hyder.

Yn yr ŵyl roedd Brenda Wooton, clamp o ddynes fawr o Gernyw, un a oedd hefyd yn enw yr un mor fawr yn y byd canu gwerin. Yn wir, hi oedd yr enw mwyaf yn nhraddodiad canu gwerin Cernyw. Flynyddoedd wedyn mi ddywedodd hi mewn cyfweliad, '*I remember seeing this little Welsh girl strolling onto the stage in her jeans.*' Roedd hynny wedi glynu yn ei chof, mae'n rhaid. Wnaeth hi ddim cyfeirio at fy ngwallt seimllyd y noson honno, diolch byth!

Y tro nesa i fi fynd draw, hyd y cofia i, ro'n i gyda Plethyn. Roedd hyn yn 1980 wedi i ni gael ein dewis i ganu

Cân i Gymru. Yn ôl yn y dyddiau hynny roedd Cân i Gymru'n gwbl wahanol i'r hyn ydyw heddiw. Ac i ni roedd pethe'n arbennig o anodd. Roedd disgwyl inni ganu chwech o ganeuon. Ro'n i yn Aberystwyth a Roy a Jac fyny yn Sir Drefaldwyn ar y pryd. Roedden nhw'n gweithio bob dydd fel athrawon ac roedd siwrnai o awr a hanner bob ffordd rhwng Aberystwyth ac adref.

Yn fuan wedi hynny, mi briododd Roy â merch o'r enw Anwen o Gwmllinau. Roedd y pentref ryw hanner ffordd rhwng Aberystwyth a Sir Drefaldwyn ac yn leoliad delfrydol felly ar gyfer ymarferion Plethyn. Roedd yn ddelfrydol am reswm arall hefyd. Roedd y croeso ar aelwyd Enid a Brian Breeze, sef rhieni Anwen, yn anhygoel. Roedd Nain Cwm, fel y byddai pawb yn ei galw, wrth ei bodd yn bwydo pobl. Mi ddysgais i'n fuan iawn i beidio â chael swper cyn mynd draw oherwydd mi fyddai hi wedi paratoi llwyth o fwyd a doedd 'na ddim gwrthod i fod. Dwi'n gwirioni ar quiche ac roedd un Nain Cwm yn drwchus fel matres, a minnau'n mynd yn fwy trwchus bob tro ro'n i'n mynd yno!

Ond yn ôl i gyfnod teneuach, cyn 'Oes y Quiche'. Dim ond dau benwythnos gawson ni i ymarfer chwe chân. Roedd hynny'n golygu dysgu'r geiriau, yr alaw, yr offerynnau a'r harmonïau. Ar ben hynny, roedd disgwyl inni eu canu o flaen cynulleidfa ym mar cefn yr Angel yn Aberystwyth, ac roedd y noson yn cael ei darlledu'n fyw ar Radio Cymru. Sôn am bwysau!

Y gân fuddugol oedd 'Golau Tan Gwmwl'. Myrddin ap Dafydd yn awdur y geiriau a Geraint Løvgreen yr alaw. Cân am Jac Glan-y-gors oedd hi, ac roedd hi'n un arbennig o dda. Roedd y caneuon yn rhai da i gyd a deud y gwir, ac roedd pump ohonyn nhw ar ein halbwm nesaf, *Golau Tan Gwmwl*. Roedd y chweched yn gân dda hefyd ond doedd hi ddim yn ein siwtio ni cystal.

Yn eu plith roedd 'Tân yn Llŷn'. Ar y noson yn yr Angel, pan ddaethon ni at 'Tân yn Llŷn' roedd yr ymateb yn un brwd. Roedd yno gynulleidfa ifanc o fyfyrwyr yn bennaf ac erbyn inni ganu'r cytgan am yr eildro, mi ddechreuodd pawb ganu efo ni. Mi gydiodd y tân ar unwaith!

Yn gwbl anfwriadol, roedd hi'n gân amserol. Roedd Ann Fychan wedi'i chyfansoddi hi ar gyfer sioe Merched y Wawr leol, a hynny cyn bod sôn am yr ymgyrch llosgi tai haf. Mae'n gân wladgarol am gynnau tân yn y galon, dros iaith a chrefydd. Cyd-ddigwyddiad oedd iddi ddod yn amlwg ar union adeg yr ymgyrch. Ond roedd hi'n taro tant.

Roedd yna deimladau cymysg ar fater llosgi tai haf. Roedd yna lawer yn gefnogol yn dawel bach ond heb feiddio mynegi hynny'n gyhoeddus. Roedd hi'n gân herfeiddiol y medrai pobl ei chanu i godi'r to ar ôl ambell beint. Roedd modd ei chanu gydag arddeliad heb i neb gael eu cyhuddo o gefnogi trais. Mi fyddem yn ei chanu fel clo i'n nosweithiau. Yn aml, mi fyddai cynulleidfa mewn clwb neu dafarn yn gweiddi am inni ei chanu ar ddechrau'r noson. Mi ddaeth 'Tân yn Llŷn' yn dipyn o anthem i Plethyn dros y blynyddoedd.

Waeth pa gân fyddai'n ennill Cân i Gymru y flwyddyn honno, roedd un peth yn saff. Roedden ni'n cael mynd i Gilarni i'r Ŵyl Ban-Geltaidd yno. A draw yn Iwerddon, doedd fawr o wahaniaeth pwy oedd yn ennill. Roedd yna agwedd wahanol iawn tuag at gystadlu yno. Yr hwyl neu'r craic oedd yn bwysig yng Nghilarni. Mae yna griw mawr yn mynd draw o Gymru i'r Ŵyl Ban-Geltaidd erbyn hyn.

Yn ein cyfnod ni roedd dipyn llai o Gymru'n mynd, ond roedd yna ambell i gymeriad ffraeth iawn yn eu plith. Roedd Ifor Hael yn un o'r rheiny. Dwi'n cofio Ifor yn deud un bore,

'Dw'i ddim yn mynd i gael peint gyda fy nghorn fflêcs y bore 'ma.'

'Da iawn, Ifor,' medde fi.

'Na,' medde Ifor. 'Dwi'n mynd i gael dau hanner.'

Un arall o selogion yr ŵyl oedd Ieu Rhos, o ardal Wrecsam. Mi fyddai hwnnw'n ein pryfocio bob amser.

'Dy'ch chi'n dal i drio canu, felly. Dal i drio neud rhyw hen sŵn gwirion.'

Ond roedden ni'n gwybod ei fod o'n ein cefnogi gant y cant yn dawel bach. Roedd Ieu yn frwdfrydig dros 'y Pethe' ac yn weithgar iawn yn ei ardal enedigol. Yn drist, bu farw'n sydyn yn 2016.

Roedd Myrddin a Geraint, fel awduron 'Golau Tan Gwmwl', allan gyda ni yng Nghilarni. Mi fuon ni am drip o gwmpas y llyn a Muckross House mewn ceffyl a thrap un diwrnod. Mae Cilarni'n llawn dop o'r rheiny. Gŵr o'r enw Michael oedd yn gyrru ac yn ein tywys o gwmpas. Mi ddechreuodd adrodd hanes y fro a Muckross House. Dyna roedd o'n arfer ei neud gyda thwristiaid mae'n amlwg. Ond nid twristiaid oedden ni. A dyma Myrddin yn deud wrtho am anghofio'r bregeth a mynd â ni i'r dafarn. Dyna wnaeth o ac mi fuon ni yno am oriau. Erbyn diwedd y prynhawn roedd Michael yn feddw dwll ac ro'n i wedi creu steil gwallt afro newydd sbon iddo. Bu'n rhaid i Myrddin yrru'r ceffyl a'r cert ar y daith yn ôl ac roedd honno'n siwrnai ddigon brawychus. Doedd gan Michael druan ddim syniad ble'r oedd o. Mi gawson ni wybod drannoeth bod Michael wedi cysgu drwy'r nos yn nrws y stabal y noson cynt. Mae'n gymeriad annwyl iawn ac mi ddaethon ni'n ffrindiau dros y blynyddoedd. Dwi'n chwilio amdano bob tro y bydda i'n mynd i Gilarni.

Dro arall, mi fu Roy, Jac, Myrddin a fi i'r Gap of Dunloe ger Cilarni. Yno mae bwthyn Kate Kearney. Roedd Kate yn wraig eithriadol o brydferth oedd yn byw yn y bwthyn cyn y Newyn Mawr yn Iwerddon, ac yn gwerthu *poitín* anghyfreithlon ac anghyffredin o gryf i deithwyr yn ôl yr hanes. Ond mynd yno i farchogaeth, ac nid i yfed *poitín*, oedden ni. Ro'n i a Jac yn gyfarwydd â cheffylau. Ond ychydig iawn o brofiad o farchogaeth oedd gan Roy a Myrddin. Roedd modd dewis p'un ai i brynu tocyn llawn i fynd yr holl ffordd i dop y bwlch, neu i fynd hanner ffordd. Llwyddodd bois y ceffylau i'n darbwyllo ni i brynu tocyn i fynd yr holl ffordd am fod y golygfeydd yno'n odidog. Ffwrdd â ni felly, ond hanner ffordd i fyny, mi drodd ceffylau Roy a Myrddin ar eu carnau a dechrau carlamu'n ôl tuag adre heb iddyn nhw allu neud dim i'w hatal. Roedd y ceffylau wedi hen arfer â'r drefn ac roedd bois y ceffylau wedi'i deall hi'n iawn. Dim ond Jac a fi welodd y golygfeydd o gopa'r Gap of Dunloe y diwrnod hwnnw felly.

Roedd yr hwyl yng Nghilarni'n mynd yn ei flaen tan oriau mân y bore. Mae gen i ddyddiadur o hyd sy'n cofnodi digwyddiadau'r flwyddyn dan sylw. Mae un cofnod yn nodi,

'Noson gynnar neithiwr. Mynd i'r gwely am 2.30 y bore.'

Cefais i a Myrddin ein cloi allan o'r gwesty lle'r oedden ni fel criw yn aros un noson. Yr unig ateb oedd dringo grisiau'r allanfa dân, ond roedd y drws yno ar glo. Roedd un ffenest ar agor ychydig i lawr y parapet a dyma Myrddin yn ei hagor yn llawn a chamu drwyddi, i un o ystafelloedd gwely'r gwesty. Roedd yna bâr yn y gwely yn edrych arnon ni'n syn.

'Su'mae?' medde Myrddin yn hamddenol reit, wrth i'r ddau ohonon ni gerdded heibio iddyn nhw, mynd allan trwy'r drws ac i'n llofftydd ein hunain.

Mi fues i draw yng Nghilarni ar gyfer y gystadleuaeth Cân i Gymru eto yn 1990. Fi a Cleif Harpwood oedd yn canu'r gân 'Popeth ond y Gwir', cân Siân Wheway y flwyddyn honno.

Dwi hefyd wedi bod yn gysylltiedig â Chân i Gymru a'r Ŵyl Ban-Geltaidd mewn sawl ffordd wahanol dros y blynyddoedd. Ar wahân i'r canu, dwi wedi helpu i lunio'r rhestr fer, wedi bod ar y panel beirniaid deirgwaith neu bedair yng Nghymru, a dwi hefyd wedi bod ar y panel beirniaid yn Iwerddon. Doedd hynny ddim yn brofiad pleserus iawn. Yr adeg honno, roedd yna un neu ddau oedd wedi bod ar y panel ers blynyddoedd ac roedden nhw'n dueddol o reoli pethe.

Pan wnaethon ni gystadlu efo Cân i Gymru yn 1980, Gwyddel enillodd efo cân ddigon dymunol oedd yn swnio'n debyg iawn i gân Ralph McTell, 'Streets of London'. Mi gyfaddefodd y trefnwyr mwy neu lai bod y dewis yn un bwriadol. Roedd y Ban-Geltaidd yn colli'i phoblogrwydd ymhlith y Gwyddelod ac roedd yr enillydd yn un oedd yn canu'n rheolaidd mewn clybiau ar hyd a lled y wlad. Roedd yn ffordd hwylus felly o hybu'r ŵyl. Roedd hynny'n nodweddiadol o agwedd hamddenol y Gwyddelod tuag at gystadlu. Roedden nhw'n onest efo ni a doedden ni ddim yn poeni rhyw lawer. Fel dwi'n deud, unwaith mae rhywun yn Iwerddon, dydy cystadlu ac ennill ddim hanner mor bwysig.

Yma yng Nghymru, mae digwyddiad Cân i Gymru wedi mynd yn fwy na'r gân mewn gwirionedd, a'r holl beth yn dipyn o sioe fawr unnos ar gyfer y cyfryngau erbyn hyn. Wedi deud hynny, os ydy'r gân fuddugol yn un dda sy'n cael ei chanu'n aml, mae hynny'n ychwanegu at y stôr o ganeuon sydd ganddon ni yng Nghymru, ac mae 'na nifer o ganeuon da wedi codi o'r gystadleuaeth dros y blynyddoedd. Dyna sy'n bwysig.

Mae gen i gysylltiadau teuluol ag ardal Cilarni erbyn hyn. Mae fy nai, Eifion, yn briod â Gwyddeles ac maen nhw'n byw yn yr ardal. Mae gen i esgus gwych felly i fynd yn ôl bob hyn a hyn. Maen nhw newydd gael bachgen bach o'r enw Osian Wyn, a dyna esgus arall eto i Anti Lin fynd draw i weld ei gor-nai bach.

# Marwnad yr Ehedydd

Mi a glywais fod yr hedydd
Wedi marw ar y mynydd,
Pe gwyddwn i mai gwir y geirie
Awn â gyrr o wŷr ac arfe
I gyrchu corff yr hedydd adre.

Ond chwalu gwae ymysg ei gywion
Mae y bradwyr a'u sibrydion,
Mi gymeraf lw i'r Mawredd
Nad yw'n wir ei fod o'n gorwedd,
A'i fod yno'n llawn dihunedd.

Mi a wn ei fod ar y mynydd
Ar dân i ledu ei adenydd,
A bod ei nyth ef yno weithion
Iddo ddodwy ei freuddwydion
A gwireddu ein gobeithion.

Mi a glywais ei fod eisioes
Wedi dianc gyda'i einioes,
Ni all adar ysglyfaethus
Er eu hawchio chwim brawychus
Lwyddo'i ddisgyn ar un hoenus.

Mi a glywais fod yr arfog
Wrthi'n hogi'r cleddau miniog
Ac yn ffyddlon eu lleferydd
Ar y drum er gwaetha'r stormydd
Yn dod yn haid tu ôl i'r hedydd.
Clywais adlais ei anadlu

*Merêd a Mam, Eisteddfod Wrecsam 2011*
*– roedd y ddau yr un oed â'i gilydd*

Ac ar gynnydd mae ei ganu,
A dyheu sydd am yr adeg
Pan ddaw'r hedydd eto i hedeg,
Ni achwynwn ni ychwaneg.

*Pennill 1 Traddodiadol*
*Penillion 2 – 6 Myrddin ap Dafydd*

Mae 'Marwnad yr Ehedydd' yn cael ei hystyried yn gân draddodiadol, ond y pennill cyntaf yn unig sy'n draddodiadol. Mi ychwanegodd Cynan ychydig o benillion iddi flynyddoedd yn ôl ar y sail mai pennill ysgafn, wirion am adar oedd y pennill cyntaf. Ond roedd Myrddin ap Dafydd wedi clywed gan Rod Barrar, un o gymeriadau Coleg Aber, mai pennill am Owain Glyndŵr ar herw oedd y pennill gwreiddiol. Hynny yw, enw cudd am Glyndŵr oedd yr Ehedydd yn y gân. Mae amwyster yn y pennill a oedd Owain yn fyw ai peidio, ond doedd dim modd ei enwi rhag ofn i'r awdurdodau synhwyro bod rhywbeth ar droed.

Cysylltodd Myrddin â Meredydd Evans i holi os oedd unrhyw sail i ddamcaniaeth Rod Barrar. Cyfaddefodd Merêd fod ganddo gydymdeimlad mawr â stori o'r fath ond ei fod yn meddwl mai perthyn i ganu rwdlan a rhyfeddod oedd y pennill traddodiadol. Ond doedd dim o'i le, meddai Merêd, ar ymestyn a thrin y pennill gyda dipyn o ddychymyg.

Dyna a wnaeth Myrddin felly, gan ychwanegu gweddill y penillion. Mae hi'n ddamcaniaeth ddiddorol ac yn gwneud synnwyr, a'r penillion newydd yn gweddu'n berffaith i gân draddodiadol. Fersiwn Myrddin mae Plethyn wedi'i chanu erioed ac mae hon eto yn un o'r caneuon hynny sy'n dod â llu o atgofion o ddyddiau cynnar y grŵp a rhai o'r pethau doniol a ddigwyddodd.

Cawsom wahoddiad i ganu mewn cinio yn ne Cymru un tro, ac mi ofynnodd y trefnydd inni ganu am ugain munud cyn y bwyd, ugain munud yn y canol, ac ugain munud ar y diwedd. A ninnau ar ganol cân, mi gododd y trefnydd, clapio'i ddwylo unwaith, a galw pawb at y bwrdd. A bu'n rhaid inni roi'r gorau iddi'n swta reit. Roedd ein hugain munud union wedi dod i ben!

Dro arall fuon ni i gyngerdd yn Aberaeron. Roeddem wedi cytuno ffi gyda'r trefnydd ymlaen llaw a lawr â ni. Ar ddiwedd y gyngerdd, mi gododd y sawl oedd yn neud y diolchiadau a diolch i bawb am gymryd rhan, gan ychwanegu bod yr holl artistiaid wedi dod yno'n rhad ac am ddim. Cafwyd cymeradwyaeth wresog gan y gynulleidfa a doedd ganddon ni mo'r galon i ofyn am ein ffi, felly mi aethon ni adre'n waglaw.

Ar un adeg, Roy oedd yn gwneud y trefniadau, ac roedd wedi ysgrifennu Sarn Mellteyrn yn ei ddyddiadur. I ffwrdd â ni felly i Sarn Mellteyrn sydd heb fod ymhell o ben draw Llŷn. Pan gerddodd Plethyn i mewn i gefn y neuadd, cafodd rhai o'r merched oedd wrthi'n paratoi bwyd dipyn o sioc. Doedden nhw ddim yn ein disgwyl ni yno. Roedd camddealltwriaeth wedi bod yn y trefnu. Tra roedd rhywun arall yn diddanu ar y llwyfan felly, mi fuon ni'n helpu'n hunain i'w brechdanau a'u cacennau nhw yn y cefn. Mi allai pethau fod lawer gwaeth, ond o hynny ymlaen fi oedd ysgrifennydd y grŵp, a Roy'n drysorydd.

Roedden ni'n cadw at ein haddewid i gynnal noson, hyd yn oed os oedd un ohonyn ni'n swp sâl. Un tro fuon ni lawr i ginio yn Sir Benfro i ganu, a Roy â stumog gwael, wedi cael bỳg o rhyw fath. Roedd yn ginio ffurfiol iawn a phawb wedi gwisgo'n grand. Doedden ni ddim wedi deall hynny ac roedden ni wedi'n gwisgo'n anffurfiol iawn, mewn denims ac ati. Mae'n rhaid bod yna olwg gwledig a gwerinol iawn arnon ni, ac meddai'r cyflwynydd wrth ein croesawu i ganu,

'Rhowch groeso i Plethyn, mae blas y pridd ar eu canu nhw a dom ar eu dillad nhw.'

Yn ôl Roy doedd gan y cyflwynydd ddim syniad pa mor agos oedd o at y gwir y noson honno!

Mi ganodd Plethyn 'Marwnad yr Ehedydd' mewn sawl

lleoliad, ond un o'r rhai mwyaf nodedig oedd mewn cyngerdd Gŵyl Ddewi yn Neuadd Albert yn Llundain. Canolbarth Cymru oedd yn gyfrifol am y noson. Roedd Siân James yno, Dic Rees, y baswr o Bennal, Côr Merched y Drenewydd a chriw o ddawnswyr gwerin o ardal Llanidloes, yn ogystal â llond llwyfan o gorau meibion.

Roedden ni wedi bod yn Neuadd Albert trwy'r dydd yn ymarfer, ac wedi'n trwytho ar sut a phryd i gyrraedd y llwyfan, pryd i godi ac eistedd ac yn y blaen. Roedd y trefniadau'n fanwl, wedi'u hamseru i'r eiliad.

Y noson honno, roedden ni yng nghefn y llwyfan yn aros i'r gyngerdd ddechrau. Gyda llai nag ugain munud i fynd, dyma sylweddoli fod un tant ar fandolin Jac allan o diwn. Doedd Jac ddim yn poeni rhyw lawer. Ond roedd hi'n bwysig bod popeth yn berffaith ar y fath achlysur ac yn y ffasiwn le. Mae'r mandolin yn offeryn anodd iawn ei ddiwnio gyda'i bedair set o dannau dwbwl. Dyma fynd ati i ddiwnio'r offeryn, ond yna dechreuodd y gloch ganu i'n galw ni i'r llwyfan. Roedd sŵn y gloch yn uchel, a fedren ni ddim clywed i ddiwnio'r offeryn. Roedden ni mewn panig llwyr.

Mi stopiodd y gloch, ac roedd hynny'n golygu y dylen ni fod ar y llwyfan erbyn hynny. Dyma benderfynu bod y tiwnio'n ddigon agos i'w le, a ffwrdd â ni. Ond allen ni ddim ffeindio'n ffordd i'r llwyfan. Mae Neuadd Albert yn anferth a chymhleth gyda gwahanol lefelau y tu ôl i'r llwyfan. Mi fuon ni i fyny ac i lawr yn y lifft droeon cyn inni ddod o hyd i'r lefel iawn. Bu'n rhaid inni redeg ar y llwyfan fel yr oedd y gyngerdd yn dechrau, ein hwynebau'n goch a'n calonnau'n curo fel gordd. Doedd y trefnwyr ddim yn hapus.

Roedd yna naws digon rhyfedd i'r perfformiad ar adegau. Er ei fod o'n gyngerdd Gŵyl Ddewi, roedd Dic Rees yn canu 'Old Man River' ac roedd Côr Hafren yn canu 'The Animals Went in Two by Two'. Roedden ni wedi dewis canu 'Marwnad yr Ehedydd' ac roedden ni bob amser yn dechrau'r gân efo fi'n canu'r pennill cyntaf yn ddigyfeiliant. Roedd gwneud hynny yn y neuadd anferth honno o flaen cynulleidfa o bum mil o bobl yn brofiad gwefreiddiol. Gallwn glywed fy llais fy hun yn atseinio'n ôl o bob cyfeiriad. Wna'i byth anghofio'r profiad hwnnw.

Dwi wedi cyfeirio eisoes at Merêd fel yr oedd pawb yn ei alw, ac erbyn hyn, dwi'n cysylltu 'Marwnad yr Ehedydd' â'r gŵr annwyl a hynod hwnnw. Cefais y fraint o ganu'r gân er cof amdano yn y Parêd Gŵyl Ddewi yn Aberystwyth y flwyddyn wedi iddo farw. Mi ddigwyddodd hynny ar ddiwedd gorymdaith fywiog a swnllyd ger hen safle Neuadd y Brenin yn Aber. Aeth popeth yn dawel, dim ond y gân a sibrwd tonnau'r môr oedd i'w clywed. Roedd yn anrhydedd arbennig ac yn brofiad fydd yn aros yn y cof. Merêd oedd yr Ehedydd y prynhawn hwnnw, a phawb yn dyheu am ei gael yn ôl, fel yn y gân. Mi fagodd y geiriau ryw arwyddocâd newydd rywsut wrth imi eu canu.

Dwi wedi cyfeirio eisoes at y profiad diflas hwnnw yn y rhagbrawf yn Eisteddfod yr Urdd ym Mhontypridd, pan oedd Merêd a Phyllis, ei wraig, yn beirniadu. Doedd gen i ddim syniad pwy oedden nhw ar y pryd, ond ro'n i wedi deall eu bod nhw'n bobl ddylanwadol iawn yn y byd gwerin ac ro'n i'n teimlo embaras mod i wedi perfformio mor wael.

Yn nyddiau cynnar Plethyn roedd angen mwy o ganeuon gwerin arnon ni ac mi soniodd rhywun y byddai

Merêd a Phyllis yn gallu fy helpu. Ysgrifennais at Merêd gan nodi nad oedd o, hwyrach, yn fy nghofio i. Ond na, roedd o'n cofio'n iawn. Roedd Merêd yn cofio pawb, pobl oedd ei bethe, ac roedd yn barod iawn i helpu wrth gwrs.

Pan ddes i'n fyfyrwraig i Aber felly, mi fyddwn i'n dal y bws i Gwmystwyth bob hyn a hyn er mwyn cael caneuon gan y ddau. Y tro cyntaf imi fynd i Afallon, sef cartref Merêd a Phyllis, yr hyn darodd fi ar unwaith oedd nad oedd ganddyn nhw gyrtens o unrhyw fath ar y ffenestri. Roedd hynny'n anarferol bryd hynny. Adre ym Mhen-bryn roedd ganddon ni gyrtens, ond gan ein bod ni'n byw yng nghanol y wlad ac ar ben bryn fyddai dim angen eu cau. Fyddai neb yn gallu gweld i mewn beth bynnag. Ond wedi i Mam a Dad symud i fyw ger ochr y ffordd fawr, mi fyddai Dad yn dal i ddadwisgo cyn mynd i'r gwely heb dynnu'r cyrtens, er bod yna geir yn gwibio heibio'r ffenest byth a beunydd. Os oedd pobl yn gweld pethe na ddylen nhw, yna eu bai nhw oedd hynny am edrych i mewn a busnesa oedd ei ddadl.

Ond doedd gan Merêd a Phyllis ddim cyrtens o gwbwl ar eu ffenestri. O edrych yn ôl mae'n beth digon od imi sylwi arno, a beth sydd hyd yn oed yn fwy od ydy fy mod i'n rhygnu 'mlaen am gyrtens, yn hytrach na sôn ar unwaith am drigolion cwbl arbennig y tŷ di-gyrtens!

Roedd gan Merêd a Phyllis stôr anhygoel o ganeuon gwerin ar gof, ac roedden nhw'n barod iawn i'w rhannu nhw â phawb. Mi fyddwn i'n mynd â thâp recordio bach efo fi ac yn cofnodi'r sgyrsiau a'r caneuon ar hwnnw. Roedd y sgyrsiau yr un mor ddiddorol â'r caneuon, ac ar adegau byddai Merêd a Phyllis yn anghytuno ynghylch rhyw gân neu'i gilydd. Mi fyddai 'na dynnu coes ac roedden nhw'n annwyl iawn efo'i gilydd. Roedd eu gwybodaeth nhw'n rhyfeddol a'u cwmni nhw'n bleser pur. Dwi'n difaru erbyn hyn imi golli'r tapiau hynny dros y blynyddoedd. Mi fyddai'n ddiddorol iawn gwrando arnyn nhw heddiw.

Byddai'r croeso yn Afallon bob amser yn anhygoel o gynnes. Americanes yw Phyllis a dwi'n cofio mynd yno unwaith a chael blasu, am y tro cyntaf, yr hyn a alwai hi yn 'BLTs'. Hynny yw, brechdan bacwn, letys a thomato ar fara brown wedi'i dostio, gyda mayonnaise. Mi fues i a'm ffrindiau coleg yn bwyta BLTs yn Neuadd John Williams am fisoedd lawer wedi i fi eu cyflwyno iddyn nhw yn dilyn ymweliad ag Afallon. Ac mi fyddem am y gorau yn cyhoeddi 'BLTs maen nhw'n galw nhw yn America', gan drio dynwared acen Americanaidd fendigedig Phyllis.

Un tro roeddwn i yno tua diwedd mis Hydref, ac ar ôl inni orffen efo'r caneuon, mi fues i'n helpu'r ddau i adeiladu coelcerth yn yr ardd ar gyfer noson tân gwyllt. Roedd hi'n fwdlyd ac yn llithrig iawn ac mi gwympais i ganol y baw. Ro'n i'n socian . Cefais fenthyg un o hen glosiau Merêd. Roedd yn rhy fawr o lawer i fi, a chefais felt i'w roi am fy nghanol i'w gadw i fyny. Ro'n i'n edrych fel hen ffarmwr. Dwi ddim yn siŵr beth oedd y bobl ar y bws adre'n ei feddwl, ond roedd fy ffrindiau coleg yn crio chwerthin pan welson nhw fi. Gyda llaw, mi ddylwn i esbonio mai 'clos' i fi yw trowsus. Mi adeiladwyd stâd fach o dai yn Aberystwyth a rhoddwyd yr enw Clos Penri arno. Mae hynny'n creu darlun rhyfedd iawn yn fy meddwl i ac wrth basio dwi'n disgwyl gweld trowsus rhyw Penri neu'i gilydd yn hongian yno ar lein ddillad, yn hytrach na stâd o dai! Buarth fyddai ystyr clos i rai, wrth gwrs, neu ffald.

Roedd mynd â'r clos yn ôl yn esgus da i alw yn Afallon eto, wrth gwrs. Oni bai am Merêd a Phyllis, mi fyddai llawer o'n hen ganeuon gwerin ni wedi mynd yn angof. Roedden nhw am eu gweld nhw'n cael eu canu ac yn awyddus iawn i'w trosglwyddo nhw i'r to iau. Dim ond y rhai mwyaf brwd fyddai'n barod i chwilota drwy hen lawysgrifau ac ati yn y Llyfrgell Genedlaethol i ddod o hyd i ganeuon ac alawon. Roedd y gwaith hwnnw'n cael ei neud droston ni. Roedd mynd i Afallon bryd hynny fel rhoi 'caneuon gwerin Cymru' ym mlwch peiriant chwilio Gŵgl y dyddie hyn. Roedd yr holl wybodaeth yno'n hwylus yn yr un lle.

Pan fydd pobl yn marw, nid dyna'r diwedd, ac mae hynny'n arbennig o wir am rhywun fel Merêd. Roedd ei gyfraniad yn aruthrol mewn sawl maes gwahanol, ac mae ei ddylanwad yn parhau. Yn fuan wedi angladd Merêd, mi alwodd Myrddin draw â phenillion roedd wedi'u hysgrifennu i gofio amdano. Roedd o am imi roi alaw ar y geiriau a'u canu, ac mi wnes i hynny. Y penillion hynny sy'n cloi fy CD diweddaraf. Wrth inni gael paned a sgwrs o gwmpas bwrdd y gegin, mi ddaeth syniad ar gyfer cân arall, ac mae honno hefyd ar y CD, sef 'Fel Hyn Mae'i Fod'. Tua'r un adeg, mi gyfansoddodd Dewi Pws gân deyrnged i Merêd. Unwaith eto, mae honno ar y CD. Dyna dair cân newydd felly, ac er eu bod yn deillio o golled a thristwch, mae 'na rywbeth cadarnhaol am y broses a dwi'n licio meddwl y byddai Merêd yn cymeradwyo hynny.

'Daliwch ati bois bach' fyddai ei neges.

Dim ond enghraifft fach bitw iawn yw'r uchod o'r gwaddol a adawodd Merêd. Roedd yn fraint cael ei nabod ac mae 'na fwlch enfawr ar ei ôl. Roedd y ddawn ganddo i wneud i bawb deimlo'n arbennig. Mi roddodd lyfr o hen alawon Cymreig i mi un tro pan ro'n i'n gadael Afallon. Mae'n hen, hen lyfr bach llwydaidd a digon diflas yr olwg, ond arno mae Merêd wedi ysgrifennu: 'I Linda, gantores hoff, heb sôn am hoff gantores' ac mae'r llyfr bach yna werth ei bwysau mewn aur i mi erbyn heddiw.

# Olwyn y Sêr

Rhywle rhwng Maentwrog a Thrawsfynydd
Gwelais atgof bach yn tyfu
Fel rhosyn yn y clawdd,
Ond mae'n anodd casglu blodau gwyllt y mynydd
Pan mae piga'r drain yn finiog
A hel atgofion o, mor hawdd.

*Cytgan:*
*Ac mae olwyn y sêr yn troi'n araf ac yn hir,*
*A'i gwreichion yn dawnsio fel gwlith ar y tir,*
*Dim ond murmur y coed a'r byd yn newid gêr,*
*A finnau'n sefyll yma dan y sêr,*
*Sefyll dan olwyn y sêr.*

Rhywle ar y ffordd i Aberpennar
Gwelais heddwch yn yr awyr
Fel cwmwl perffaith gwyn,
A rhywle rhwng y Foel a Rhos y Brithdir
Gwelais gariad yn tyfu
Fel coeden ar y bryn.

Rhywle ar y ffordd sy'n dringo'r mynydd
Gwelais wlad oedd mewn cadwyni
Yn ceisio torri'n rhydd,
Ond roedd lleisiau ofn a braw yn llenwi'r awyr
A diffoddwyd fflam eu gobaith,
Torrwyd asgwrn cefn eu ffydd.

*Dewi Pws yn bihafio'i hun wrth dynnu llun am unwaith!*

*Ac mae olwyn y sêr yn troi'n araf ac yn hir,*
*A'i gwreichion yn tasgu fel gwlith ar y tir,*
*Ac mae olion y dydd yn addo bore newydd clir,*
*A bydd gobaith amser hynny dan y sêr,*
*Gobaith dan olwyn y sêr.*

*Alun Sbardun Huws*

Maen nhw'n deud na ddylech chi gwrdd â'ch arwyr, ond dwi wedi cwrdd â nifer o arwyr fy nyddiau cynnar i, wedi gweithio efo nhw, ac wedi dod yn ffrindiau da efo rhai ohonyn nhw.

Roedd Alun Sbardun Huws yn eu plith. Doedd gen i fawr o ddiddordeb yn y byd canu ysgafn yng Nghymru pan o'n i yn fy arddegau cynnar, ond mi newidiodd pethau pan glywais i'r Tebot Piws yn canu am y tro cyntaf. Yn aml, mi fydd rhywun yn cysylltu cân efo lle neu amser. Am ryw reswm, dwi'n cysylltu'r gân 'Helo Dymbo' gan y Tebot Piws efo'r cynhaeaf gwair ym Mhen-bryn. Dwi ddim yn siŵr pam ond mae'r gân yn nostalgia pur i fi. Dwi'n credu imi ei chlywed ar y radio pan o'n i a Mam yn paratoi te i fynd i'r cae at y dynion adeg y cynhaeaf, achos y darlun sy'n dod i fy meddwl i bob tro fydda i'n clywed y gân ydy Mam a fi'n cario'r fasged fwyd a'r caniau enamel gwyn efo te a llaeth ynddyn nhw allan o'r tŷ. Roedd hynny yn y saithdegau cymharol gynnar. Mi gymerais at y gân yn syth. Dyma'r math o ganu oedd yn apelio ata'i. Roedd yn werinol ond yn gyfoes ac yn hwyl. Roedd pethau'n newid yn y sîn cerddoriaeth Gymraeg bryd hynny a'r canu'n dechrau apelio mwy at y to ifanc.

Yn 1975 wedyn, ro'n i lawr yn Eisteddfod yr Urdd yn Llanelli yn cystadlu efo Ysgol Uwchradd Llanfair Caereinion, a finne'n 16 oed ar y pryd. Yr arferiad bryd hynny oedd lletya gyda gwahanol deuluoedd ym mro'r Brifwyl. Roeddwn i a Kath, fy nghyfnither, yn aros gyda theulu yn yr ardal, ac ar ôl swper mi benderfynodd y ddwy ohonon ni fynd am dro. Wrth inni basio'r Clwb Rygbi lleol mi welson ni arwydd y tu allan yn deud 'Mynediad am Ddim'.

Ac i mewn â ni gan ddisgwyl peidio â thalu. Ond wrth gwrs y grŵp Mynediad am Ddim oedd yn perfformio yno. Roedden ni'n rhy ifanc i fod yno dwi'n siŵr, yn enwedig Kath, sydd ddwy flynedd yn iau na fi, ond mi gawson ni noson grêt. Mi ganodd Mynediad y fersiwn lawn, *risqué* o 'Arica o'r America' ac roedden ni'n meddwl bod y cyfan yn ffantastig. Doedden ni ddim wedi clywed unrhyw beth tebyg yn Gymraeg o'r blaen.

Erbyn i fi fynd i'r coleg, ro'n i'n gwrando mwy a mwy ar gerddoriaeth Gymraeg, ac roedd rhai o aelodau Mynediad am Ddim yn y coleg ar yr un pryd â mi fel mae'n digwydd. Y ffefrynnau eraill oedd Ac Eraill, Hergest, artistiaid unigol fel Tecwyn Ifan, a Tebot Piws wrth gwrs. Yn nes ymlaen, mi ddaeth Edward H. Dafis a nhw oedd 'y gynnau mawr' am gyfnod hir. Roedd bod yn berson ifanc yn ystod y cyfnod hwnnw'n wych. Mi fydden i'n mynd i'r Twrw Tanllyd ym Mhafiliwn Mawr y Bont. Hwnnw oedd y lle i fynd. Mi fyddai rhywun yn llogi bws o'r ardal, a hwnnw'n orlawn bob amser. Ac ro'n i yng nghyngerdd olaf Edward H. yng Nghorwen.

Ychydig wnes i feddwl bryd hynny y cawn i ddod i nabod llawer o'r bobl hyn, dod yn ffrindiau efo nhw, a chael canu eu caneuon nhw. Alun Sbardun Huws, ac Emyr Huws Jones – neu 'Sbardun' ac 'Ems' fel y byddai pawb yn eu galw – a gwrddais i gynta', sef dau o aelodau'r Tebot Piws a Mynediad am Ddim, a hynny yn Eisteddfod yr Urdd yn Llanelwedd yn 1978. Ro'n i yn yr ail flwyddyn yn y Coleg ar y pryd ond yn mynd yn ôl i gymryd rhan efo Aelwyd Penllys adeg Steddfod. Mi gytunais i gystadlu ar y gân bop dan enw'r Aelwyd y flwyddyn honno. Mi gofiais bod gen i gân ro'n i wedi'i chyfansoddi pan o'n i'n 16 oed ac yn adolygu ar gyfer fy arholiadau lefel 'O'. Fel y rhan fwyaf o bobl ifanc, ro'n i'n casáu adolygu, ac yn fwy na dim, yn casáu bod yn gaeth i'r tŷ, a byd natur yn galw arna i y tu allan i'r ffenest. I dorri ar y diflastod mi gyfansoddais gân, 'Tyrd am Dro'. Dyna wnes i yn lle adolygu ar gyfer fy arholiad Lefel 'O' olaf, sef Daearyddiaeth. Mi gollais fy amynedd a thaflu fy llyfrau Daearyddiaeth dros y stafell wely. Ro'n i'n methu'n lân â chanolbwyntio. Dyna'r unig bwnc Lefel 'O' i fi ei fethu. Dim rhyfedd. Roedd y llyfrau'n deilchion ac yn fy rhwystredigaeth mi ysgrifennais i'r gân hon yn lle paratoi at yr arholiad. Mae'n bosib bod y noson gyda Mynediad am Ddim yn y clwb rygbi ychydig ynghynt wedi dylanwadu arna'i hefyd a bod gen i awydd cyfansoddi caneuon tebyg i rai Ems ar y pryd.

Doedd gen i fawr o feddwl o'r gân a deud y gwir ac ro'n i'n teimlo'n rhyw embaras yn ei chanu. Ro'n i'n ifanc iawn yn ei chyfansoddi ac yn teimlo ei bod hi'n eitha' 'corny'. Mae'n rhaid nad oedd yna lawer yn cystadlu yn fy erbyn yn y Steddfod Gylch a'r Steddfod Sir oherwydd mi gyrhaeddais y Genedlaethol yn Llanelwedd. Er syndod imi, mi enillais yno, a Sbardun ac Ems oedd yn beirniadu.

Mae'n rhyfedd fel mae'r cof yn chwarae triciau ar rywun weithiau. Dwi'n deud wrth bawb nad ydw i wedi ennill gwobr mewn Eisteddfod Genedlaethol erioed, ac mai 'Ôl ei Droed' oedd y gân gyntaf imi ei chyfansoddi, a minnau'n 46 oed. Ond dydy hynny ddim yn wir wrth gwrs. 'Tyrd am Dro' oedd y gân gyntaf, a hynny ddeng mlynedd ar hugain cyn 'Ôl ei Droed'. Mae'n siŵr mai'r ffaith nad oeddwn i'n meddwl rhyw lawer o'r gân sy'n gyfrifol am yr anghofio, ac mai anghofio'n fwriadol wnes i.

Ond o edrych yn ôl ar y gân, rhaid imi gyfaddef fod y geiriau'n eitha aeddfed o ystyried mai dim ond 16 oed o'n i ar y pryd. Dyma un pennill ohoni:

> Rwyt ti'n meddwi ar wybodaeth,
> Yn poeni am ddynoliaeth
> Ac eto mae'r byd yn dal i droi,
> Tyrd i weld gwyrddni y coed
> A glesni y glaswellt dan droed,
> Tyrd am dro dros fryniau Maldwyn, fy ffrind ...

Mae'n rhaid fy mod i'n berson ifanc mwy dwys nag o'n i'n meddwl. Ro'n i am anghofio'r gân, ond wnaeth Sbardun ddim anghofio. Roedd o wedi'i hoffi hi, a bob tro y byddwn i'n ei weld am flynyddoedd wedi hynny mi fyddai'n canu pwt ohoni ac yn holi pam nad o'n i'n ei chanu rhagor. Ar y pryd roedd pobl fel Myrddin ac Ems yn cyfansoddi ar fy nghyfer. Doeddwn i ddim yn teimlo'n ddigon hyderus i gynnwys fy ymdrech fach i ymhlith eu caneuon gwych nhw. A diffyg hyder fu'n gyfrifol am y bwlch o dri deg mlynedd cyn cyfansoddi cân arall. Dwi'n difaru braidd erbyn hyn, oherwydd mae cyfansoddi ambell i gân dros y blynyddoedd diwethaf wedi rhoi llawer o foddhad imi, ac wedi bod yn help mawr hefyd yn ystod cyfnodau anodd neu gyfnodau o alaru. Mae 'na rywbeth therapiwtig iawn am y broses. Mae'n rhaid i'r gofid neu'r galar ddod i'r wyneb rywsut neu'i gilydd, ac i mi roedd mynegi fy emosiynau ar ffurf cân yn un ffordd o ymdopi.

Yn fuan wedi Steddfod Llanelwedd, datblygodd y cysylltiad rhyngdda i ac Ems trwy Myrddin yn y Coleg. Mi fyddai Myrddin yn ysgrifennu geiriau cân, yn gofyn i Ems gyfansoddi alaw ac yna'n rhoi'r gân i mi ei chanu. Dyna ddigwyddodd yng nghystadleuaeth y gân serch yn yr Eisteddfod Ryng-golegol ym Mangor un flwyddyn. Mi ganais 'Hogyn Tywydd Teg'. Dyna'r tro cyntaf imi ganu un o alawon Ems. Ro'n i wrth fy modd, ac mae'n gysylltiad sydd wedi para.

Alla'i ddim cofio sut na phryd wnes i gwrdd â Dewi Pws am y tro cyntaf, ond mae cân Dewi a Huw Chiswell, 'Mae Lleucu Wedi Marw' ar fy albwm *Amser*, a recordiwyd yn 1988 felly mae'n rhaid mod i'n ei nabod o cyn hynny.

Dwi wedi recordio mwy o'i ganeuon o ers hynny. Mae'n 'glown' o'r radd flaenaf wrth gwrs, ond yn glown hoffus iawn a dros y blynyddoedd dwi wedi dod yn ffrindiau da gyda Dewi, a Rhiannon ei wraig. Mae 'na groeso cynnes a lot o hwyl i'w gael ar eu haelwyd nhw bob amser.

Mae antics Pws yn chwedlonol yng Nghymru, ond mae'n gêm beryglus trio talu'r pwyth yn ôl, a dwi'n gwybod hynny o brofiad. Yn 2003, roedd criw mawr o artistiaid o Gymru wedi ymgynnull yn Stiwdio Sain i recordio'r gân 'Hafan Gobaith' gyda Bryn Terfel. Ro'n i a Sioned Mair (aelod o'r Sidan ac Injaroc gynt), ac un oedd yn ffrind agos i Sbardun fel mae'n digwydd, wrthi'n recordio lleisiau cefndir yn y stiwdio. Trwy'r adeg, roedd Dewi Pws yn sefyll yr ochr arall i'r gwydr gyda chopis ei drowsus ar agor a'i fys wedi'i wthio trwyddo. Roedd hi'n anodd iawn canolbwyntio. Yn ddiweddarach yn y dydd, roedd Dewi wrthi'n neud cyfweliad ar gyfer Radio Cymru. Mi gerddais y tu ôl i'r cyfwelydd fel mai dim ond Dewi fyddai'n fy ngweld a chodi fy nhop wrth fynd heibio. Mi stopiodd Dewi'r cyfweliad a gweiddi nerth ei ben,

'Dwi newydd weld bronne, Linda!'

A hyd yn oed heddiw, bymtheg mlynedd yn ddiweddarach, bob tro fydda i a Dewi'n ymddangos yn gyhoeddus efo'n gilydd, mae'n deud wrth y gynulleidfa ei fod wedi gweld fy mronne' i.

Dwi wedi cael y fraint o ganu caneuon nifer o gyfansoddwyr mwyaf talentog Cymru ac mae hynny'n gompliment mawr ynddo'i hun. Ond mae gen i fwy o ganeuon Sbardun yn fy *repertoire* nag unrhyw gyfansoddwr arall. Maen nhw'n ganeuon syml ac annwyl a dwi wrth fy modd yn eu canu nhw. Roedd o'n dal i anfon caneuon ata'i, a nifer o bobl eraill hefyd, tan y diwedd, yn enwedig ar ôl iddo ymddeol. Roedd ganddo stiwdio fach yn ei gartref ac mi fyddai'n recordio'r caneuon yno ac yn eu hanfon dros e-bost fel arfer.

Bu farw Sbardun yn Rhagfyr 2014 ac mi gollodd Cymru gymeriad a thalent unigryw. 'Olwyn y Sêr' oedd cân olaf Sbardun.

Mi ddigwyddodd 'na ddau beth digon rhyfedd tuag at ddiwedd ei oes. Doedden ni ddim yn gweld ein gilydd yn aml a 'bydis e-bost' oeddwn i a Sbardun yn fwy na dim. Yn aml, doedden ni ddim yn cysylltu â'n gilydd am fisoedd. Pan ddechreuodd y merched ganu ar ben eu hunain fel Sorela, roedd y gân 'Cwsg Osian' o'r sioe gerdd *Nia Ben Aur* yn rhan o'u *repertoire*. Roedden nhw wedi'i chanu hi mewn sesiwn ar gyfer Radio Cymru ac mi ddwedais i wrthyn nhw ei bod hi'n bwysig cydnabod y cyfansoddwr bob amser wrth ganu cân. Doedd gen i ddim syniad ar y pryd pwy gyfansoddodd 'Cwsg Osian'. Ond o chwilio, mi ddysgais mai Cleif Harpwood a Sbardun oedd y cyfansoddwyr. Anfonais neges e-bost at Sbardun ar unwaith yn deud wrtho fod y merched wedi canu'r gân ar y radio, ac yn gofyn a oedd hynny'n iawn efo fo? Doedden ni ddim wedi cysylltu â'n gilydd ers misoedd lawer, ond wrth imi wasgu'r botwm i anfon y neges, clywais y 'ping' ar y peiriant oedd yn dynodi bod neges wedi cyrraedd. A neges gan Sbardun oedd honno yn deud,

'Dwi newydd glywed dy ferched di'n canu 'Cwsg Osian' – gwych.'

Roedd ein negeseuon wedi pasio yn y post, cyd-ddigwyddiad rhyfedd.

Hwyrach 'mod i'n darllen gormod i mewn i hyn, ond

fel arfer mi fyddai Sbardun yn anfon cân neu ddwy ata i ar yr un pryd, gyda neges yn deud bod croeso i mi eu canu os oedden nhw'n siwtio ond os nad oedden nhw, i beidio â phoeni. Mi fydden nhw'n siwtio rhywun arall hwyrach. Ond toc cyn iddo farw mi ffoniodd o fi yn hytrach nag e-bostio a deud,

'Mae gen i gân fan hyn a dwi isio i ti ei chanu hi. Ydi hi'n iawn i mi ei hanfon atat ti?'

Roedd hynny'n wahanol i'r drefn arferol, ac ro'n i'n falch iawn o dderbyn y gân wrth reswm. Ac fel mae'n digwydd, hon oedd y gân ola' iddo'i chyfansoddi. Yn ystod ein sgwrs ffôn olaf mi soniais wrth Sbardun mod i eisiau rhyddhau CD ar gyfer Steddfod Meifod y flwyddyn ganlynol ond ro'n i'n betrusgar iawn ynghylch hynny. Roedd Sbardun yn llawn cefnogaeth, yn ôl ei arfer. Fuodd 'na neb erioed â ffugenw mwy addas! Yn y nodyn a anfonodd ata i gyda'r gân mae'n deud:

'... dwi yn credu bod hi'n bwysig rhoi caneuon allan yna pan 'da ni'n gallu! ... dwi'n teimlo y basa rhyddhau rhywbeth ar gyfer Meifod yn cau y cylch i ti fel artist rhywsut'

Roedd o'n hollol iawn. Mi ofynnais iddo gynhyrchu'r CD ond yn nodweddiadol o Sbardun, mi wrthododd, gan ddeud y byddai'n helpu mewn unrhyw ffordd ond nad oedd 'yn ddigon o gerddor' i gynhyrchu! Pan fu farw yn fuan wedyn roedd mwy o reswm byth dros wneud y CD. Roedd gen i gwpwl o ganeuon personol ro'n i'n awyddus i'w recordio ond yn bwysicach na hynny, ro'n i am roi cân olaf Sbardun ar gof a chadw. Nid y ffaith mai fi oedd yn canu ei gân olaf oedd yn bwysig, ond y ffaith ei bod hi'n cael ei recordio a'i chlywed. Ai ffawd tybed oedd yn gyfrifol am yr alwad ffôn a'r cais a wnaeth Sbardun yn ystod wythnosau olaf ei fywyd. Erbyn imi fynd ati i recordio'r CD roedd gen i ganeuon eraill pwysig i'w cynnwys hefyd, oherwydd yn y cyfamser bu farw Merêd yn Chwefror 2015. Mae'r CD yn cynnwys cân deyrnged annwyl iawn iddo fo gan Dewi Pws, a phenillion grymus gan Myrddin ap Dafydd.

Mae'r casgliad o ganeuon sydd ar y CD *Olwyn y Sêr* yn rhai pwysig iawn i mi ar lefel bersonol a dwi'n ddiolchgar iawn i gwmni Fflach am roi cyfle imi eu recordio a'u rhyddhau, ac fel y dywedodd Sbardun, mae'n 'cau'r cylch' i mi fel cantores.

Yn yr Eisteddfod Genedlaethol yn Sir Fôn eleni mi ges i'r fraint, gyda Dewi Pws, o feirniadu cystadleuaeth Tlws Sbardun. Mae'n gystadleuaeth sy'n cael ei chynnal yn flynyddol erbyn hyn i wobrwyo cân newydd yn arddull Sbardun. Mae'n braf meddwl bod dylanwad Sbardun yn parhau a'i fod yn dal 'i roi caneuon allan yna' yn anuniongyrchol. Mi fyddai hynny'n ei blesio dwi'n siŵr.

Pan gladdwyd ei lwch yn y fynwent fach ger Penrhyndeudraeth, aeth y trên bach heibio. Roedd Sbardun wrth ei fodd gyda threnau. Ac mewn cytgord â'r Amen ar ddiwedd y gwasanaeth wrth ollwng y llwch, dyma'r trên bach yn mynd,

'Twt! Twt!'

Roedd pawb yn gytûn mai Sbardun oedd yn deud,

'Ta-ta bawb!'

# Y Ferch o'r Bargoed

Y ferch o'r Bargoed – ti yw'r un,
Mae dy wên yn llonni calon dyn,
Ond does gen i ddim i'w roi i ti,
Dim ond beth sydd yn fy nghalon i.

*Cytgan:*
*Ond beth yw cyfoeth, dwed i mi,*
*A thithe'n dweud, 'Rwy'n dy garu di',*
*Ac i mi mae pob un gair*
*Yn werth mwy na llond dwrn o aur.*

Mae dy nain yn flin a'th daid o'i go,
Bod ti'n canlyn un o gogie'r fro.
A hwnnw'n blentyn llwyn a pherth
Sy'n berchen dim o unrhyw werth.

Y ferch o'r Bargoed – be wnei di?
Dim ond i ti fy ngwrthod i,
Dim ond i ti ddweud y gair
Ac mi gei ddyrnaid mawr o aur.

Diolch iti'r ferch o'r de,
Rwyf heddiw yn fy seithfed ne',
A thithe wedi 'nerbyn i
Ein cariad fydd ein cyfoeth ni.

*Linda Griffiths*

*Gyda'r merched – Gwenno, Mari a Lisa*

Mae 'Y Ferch o'r Bargoed' yn olrhain hanes Taid a Nain ar ochr Dad. Plentyn siawns oedd Taid Penrhos, sef tad Dad. Ro'n i dan yr argraff bob amser na wyddai neb pwy oedd ei dad. Ond yn nes ymlaen mi sylweddolais fod rhai o aelodau hŷn y teulu'n gwybod yn iawn pwy oedd o.

Roedd o'n dod o deulu ffarmio reit gyfoethog yn ardal Cegidfa, mae'n debyg. Mi gwrddodd Mam fy nhaid ag o pan oedd ei deulu'n mynd o amgylch y pentrefi efo stalwyn, sef yr hen arfer o 'ganlyn stalwyn'. Mi fydden nhw'n dod i Bontrobert bob hyn a hyn gyda'u stalwyn, a ffermwyr y fro'n dod â'u cesig ato. Mi aeth Mam fy nhaid at y teulu i weithio fel morwyn, a syrthio'n feichiog. Ond roedd gan Tad fy nhaid gariad selog, a phriodi honno wnaeth o. Serch hynny, roedd o'n cydnabod mai fo oedd tad y babi, ac mi fyddai'n gyrru sachaid o geirch bob mis i helpu i gynnal y plentyn.

Ddwy flynedd yn ôl mi gawson ni aduniad teuluol o ddisgynyddion David a Blodwen Griffiths, sef Taid a Nain Penrhos, yn Neuadd Pontrobert. Roedd llond neuadd ohonon ni, ac roedd rhai o ddisgynyddion teulu tad biolegol Taid yno. Yn yr hen ddyddiau wrth gwrs, roedd llawer mwy o stigma'n perthyn i sefyllfa o'r fath. Roedd yn braf cael cydnabod o'r diwedd ein bod ni'n perthyn. Roedd Gwen, fy chwaer, wedi bod yn ffrindiau am flynyddoedd ag un ohonyn nhw heb sylweddoli eu bod nhw'n perthyn.

Roedd Blodwen, sef Nain Penrhos yn enedigol o Bontlotyn ger y Bargoed y ne Cymru. Roedd ei thad a thri o'i frodyr wedi symud i lawr i dde Cymru i chwilio am waith yn y pyllau mewn cyfnod o galedi yn y byd amaethyddol yn Sir Drefaldwyn. Yno y bu Nain nes oedd hi'n saith oed. Ond roedd ei hiechyd hi'n wael, roedd hi'n cael niwmonia drwy'r adeg, ac mi ddaeth i Sir Drefaldwyn i fyw, lle'r oedd yr awyr yn lanach, at ei thaid a'i nain yn Upper Hall ger Meifod, ar draws yr afon i faes y Steddfod Genedlaethol ym Mathrafal.

Chafodd hi ddim addysg ffurfiol ar ôl hynny am fod ei thaid a'i nain yn teimlo nad oedd hi'n iawn anfon plentyn 'rhywun arall' i'r ysgol. Roedd gormod o beryglon yn gysylltiedig â hynny. Mae'n bosib iddi gael rhywfaint o addysg gartref, oherwydd roedd hi'n gallu darllen ac ysgrifennu ac roedd hi'n siarp iawn gyda rhifau yn ôl y sôn.

Ymhen blynyddoedd mi ddechreuodd Blodwen ganlyn còg lleol o'r enw David, sef Taid Penrhos. Roedd ei theulu hi'n reit gefnog, a'i thaid yn anhapus iawn â'r garwriaeth. Fel plentyn siawns doedd gan David ddim eiddo i'w enw nac unrhyw arian wrth gefn. Blodwen oedd cannwyll llygaid ei thaid, mae'n debyg. Doedd o ddim am ei gweld hi'n priodi dyn tlawd. A dyna'r stori sydd y tu ôl i'r gân. Mi ddaeth ati un diwrnod, cwpanu'i ddwylo a deud wrthi,

'Mi lenwa' i 'nwylo â sofrenni aur ac mi gei di nhw i gyd os roi di'r gore i David.'

Mi wrthododd hi, ac roedd ei thaid yn reit ddig efo hi. Dim ond degpunt adawodd o iddyn nhw yn ei ewyllys. Roedd hynny'n ddigon i brynu buwch a llo. Wedi iddyn nhw briodi, mi symudodd David a Blodwen i dyddyn Bwlch Bach ger Pontrobert. Tenantiaid oedden nhw yno, ac roedd Taid yn gwneud ei fywoliaeth trwy weithio i'r perchennog, fel 'wagoner', oedd yn golygu mai fo oedd yn gofalu am y ceffylau.

Un noson adeg y cynhaeaf gwair, ac yntau wrth ei swper yn dilyn diwrnod caled o waith, cafodd ei alw'n ôl gan y landlord i wneud mwy o waith. Mi wrthododd yn gwrtais gan ddeud bod y ceffylau ac yntau wedi neud digon o waith am un diwrnod. Drannoeth, daeth neges gan y landlord yn eu gorchymyn i adael Bwlch Bach ymhen y mis. Roedd dwy chwaer hynaf Dad wedi'u geni, a Nain yn disgwyl Dad ar y pryd.

Lawr y ffordd roedd yna le bach arall, Wernbont. Ac mi gawson nhw fyw yno yn rhad iawn gan fod y cymdogion yn teimlo drostyn nhw. Dros y blynyddoedd, mi gyrhaeddodd mwy o blant. Roedd Nain yn cadw ieir ac yn gwerthu wyau. Roedd y fuwch a brynwyd efo'r arian o'r ewyllys yn cynhyrchu llaeth a Nain yn corddi ac yn gwerthu menyn. Roedden nhw'n safio'r pres hwnnw ac o dipyn i beth mi wnaethon nhw lwyddo i rentu ffarm Peniarth uwchben Meifod. Roedd y lle mewn cyflwr ofnadwy. Roedd Dad yn cofio llygod mawr yn rhedeg drosto pan oedd o yn y gwely. Ar ôl cyfnod yno mi lwyddod Taid a Nain rywsut i brynu ffarm Pen-bryn ac yna'n nes ymlaen, ffarm arall, sef Pen-rhos. Dwi wedi cofnodi'r hanes yma mewn cân arall, sef 'Digon yw Digon'.

Dwi wedi dwyn carreg o adfail Wernbont ger Pontrobert a'i gosod mewn wal gerrig yn fy ngardd i yng Ngheredigion. Darn bach o'r gorffennol i fy atgoffa o safiad ac ymdrech Taid a Nain Penrhos.

Dad oedd yr unig fab ymhlith wyth o blant. Roedd chwiorydd Dad yn wahanol iawn i'w gilydd ond yn gymeriadau diddorol a lliwgar bob un. Mae pedair ohonyn nhw wedi marw erbyn hyn ond y dair arall yn dal i fynd, ac yn mwynhau iechyd da. Roedden nhw'n wahanol eu natur rywsut i bobl yr ardal yn gyffredinol ac ro'n i wastad yn teimlo bod yna rywfaint o gymeriad cymoedd de

Cymru'n perthyn iddyn nhw, er iddyn nhw gael eu magu ym Maldwyn. Roedden nhw'n ffraeth ac yn trafod pob pwnc dan haul mewn ffordd agored iawn. Ai dylanwad Nain Penrhos arnyn nhw oedd hynny tybed, ynteu rhywbeth oedd yn y gwaed? Roedd fy mhlentyndod i'n fwy diddorol o'u herwydd nhw yn bendant. Gan Anti Glen, un o chwiorydd unigryw Dad y cefais hanes y teulu a hynny drwy hap. Mae'n bwysig ein bod ni'n holi'r to hŷn, neu fel arall mae hanesion o'r fath yn mynd yn angof ac ae hynny'n biti mawr.

O ran iaith hefyd, roedd sefyllfa teulu Dad yn un ddiddorol. Roedd Dad yn siarad Cymraeg yn naturiol. Roedd ei ddwy chwaer hynaf yn siarad Cymraeg hefyd ond wyddwn i mo hynny pan o'n i'n blentyn. Saesneg fydden nhw wastad yn siarad efo'i gilydd. Roedd Dad yn siarad Cymraeg efo'i Dad mae'n debyg, ond Saesneg fyddai o'n siarad â'i fam. Ac mi fyddai'n siarad Saesneg â'i chwiorydd. Dyna oedd ei rieni'n ei siarad efo nhw yn ôl pob sôn. Roedd hi'n sefyllfa ddryslyd, gyda chymysgedd ieithyddol ryfeddol o fewn un teulu. Roedd hynny'n bennaf am fod y teulu wedi symud o ardal Pontrobert i ardal Meifod ychydig filltroedd i lawr y ffordd, oedd yn fwy Seisnigaidd o lawer. A dyna'r ffin ieithyddol yn codi'i phen unwaith eto.

Yn ffodus i ni blant, mi briododd Dad â merch o deulu Cymraeg ei iaith yn yr ardal, a Chymraeg oedd iaith yr aelwyd. Mi allai pethe fod wedi mynd y ffordd arall yn ddigon hawdd, a dwi'n teimlo'n ddiolchgar iawn mod i wedi cael fy magu efo dwy iaith.

Mi gyfansoddais 'Y Ferch o'r Bargoed' yn arbennig ar fy nghyfer i a'r merched, ac mae'n cynrychioli cyfnod o drosglwyddo'r 'baton' iddyn nhw fel petai.

Mae pasio traddodiad ymlaen o un genhedlaeth i'r llall o fewn yr un teulu'n broses naturiol i bobl ardal y Plygeiniau. Dyna sydd wedi digwydd o fewn fy nheulu i. Wrth i Lisa, Gwenno a Mari, fy nhair merch, ddod yn hŷn, ac wrth i'w lleisiau nhw ddatblygu ac aeddfedu, mi fyddwn i'n mynd ar eu gofyn mwy a mwy i ganu lleisiau cefndir. Mae dipyn o harmoni'n gwneud y byd o wahaniaeth, ac am fod angen rhoi pres poced iddyn nhw beth bynnag, ro'n i'n meddwl bod cystal imi neud iddyn nhw weithio amdano!

Yn 2006 mi fuon ni i'r Gyngres Geltaidd yn Llydaw. Roedd yno gyngerdd ar gyfer ieuenctid. Roedd Mari'n 11 oed ar y pryd a Gwenno'n 15 oed. Mi gytunodd y ddwy i ganu, efo fi'n cyfeilio iddyn nhw ar y gitâr. Mi rybuddiodd Gwenno ni y byddai hi'n siŵr o chwerthin, ac mi gadwodd at ei gair. Mi safodd ar y llwyfan a chwerthin o ddechrau'r gân hyd ei diwedd, a gadael Mari druan i ganu ar ei phen ei hun. Mae Gwenno wedi cael y duedd yna gen i mae gen i ofn. Dwi'n un wael am chwerthin ar lwyfan. Nerfau sy'n gyfrifol am hynny o bosib. Roedd Lisa a Gwenno am berfformio 'Cwsg Osian' yn yr un gyngerdd, a bu'n rhaid i mi esgus bod yn ifanc am noson a chanu efo nhw am fod angen tri llais. Dyna'r tro cynta' i ni'n tair ganu'n ddigyfeiliant efo'n gilydd ar lwyfan.

Un dylanwad mawr ar fy mhenderfyniad i ganu efo'r merched oedd Brigitte Kloareg, cantores werin flaenllaw o Lydaw oedd yn y Gyngres Geltaidd ar yr un pryd â ni. Mi fu Brigitte yn byw yn Aberystwyth ar un adeg ac ro'n i'n ei nabod hi o'r cyfnod hwnnw. Mae ganddi lais cryf, anhygoel, ac roedd ei chlywed hi'n canu'n ddigyfeiliant efo dwy o'i merched yn ysbrydoliaeth i ni. Os allith Brigitte a'i merched neud, pam na allwn ni? meddyliais.

O hynny ymlaen, dyna a ddigwyddodd – Lisa, Gwenno a fi i ddechrau am fod Mari'n rhy ifanc. Wedi i Mari ddod yn hŷn, mi ymunodd hi â ni. Roedd hi'n gyndyn braidd ar y dechrau ac yn ddihyder, ond erbyn hyn mae hi'n ei morio hi fel pawb arall ar lwyfan.

Mi fuon ni'n perfformio efo'n gilydd am gyfnod ac roedd o'n hwyl, er bod yna enghreifftiau o'r 'oen yn dysgu'r ddafad bori' ar adegau! Chwarae teg i'r merched, roedden nhw'n barod iawn i ganu stwff gwerin oedd ddim yn 'cŵl' iawn efo'u Mam. Dwi'n credu mae eu hawydd i berfformio oedd yn gyfrifol am hynny'n bennaf. Serch hynny, ro'n i'n teimlo ei bod hi'n annheg i dair merch ifanc gael eu cysylltu â'u mam yn dragywydd, a'i bod hi'n bryd iddyn nhw ddilyn eu cwys eu hunain.

Mi eson nhw ati i ffurfio'r triawd Sorela felly, a threfnu noson lansio ar gwch ar afon Tafwys yn Llundain yn Awst 2014. Dyna lle mae Lisa'n byw ar hyn o bryd. Mae'r enw'n deillio o'r gair sorella, sef y gair Eidaleg am 'chwaer', ond gydag un 'l' yn Gymraeg wrth gwrs. Treuliodd Gwenno bedwar mis yn y wlad honno ar ôl gorffen yn y coleg yn Lerpwl. Yn anffodus, mae rhai cyflwynwyr yn cael trafferth efo'r enw ac mae ambell i gynulleidfa'n disgwyl gweld brand adnabyddus o hufen iâ'n cerdded ar y llwyfan yn hytrach na thair o ferched!

Maen nhw wedi penderfynu canu'n acapella sy'n benderfyniad dewr, ac ar wahân i ambell i set mewn priodas maen nhw'n canu'n ddigyfeiliant bob amser. Y peth mwyaf anodd ar hyn o bryd yw cael y tair at ei gilydd a chael amser i ymarfer. Weithiau mae pethau'n dynn iawn. Ar gyfer recordio'r gân 'Y Ferch o'r Bargoed' roedd yn rhaid dysgu'r harmonïau yn ystod y siwrnai i lawr i'r stiwdio recordio. Dyna'r tro cyntaf i'r merched glywed y gân.

Mae Lisa erbyn hyn wedi magu hyder i gyfansoddi geiriau ac alawon. Mae hi'n trafod am bynciau'r dydd – cadwraeth, dyngarwch, Brexit ac ati. Roedd pynciau'r dydd yn rhan bwysig o fy *repertoire* i a Plethyn ac mae'n braf meddwl bod y traddodiad hwnnw'n parhau gyda'r to nesa.

Dwi'n dal i ganu bob hyn a hyn ac yn mwynhau gwneud hynny. Ond dwi'n gwbl hapus i sefyll o'r neilltu a gadael y llwyfan yn llythrennol i'r merched. Y peth pwysig yw bod y tair yn mwynhau, yn etifeddu'r hyn sydd wedi'i drosglwyddo iddyn nhw gyda balchder, ac yn ei ddatblygu a'i fowldio i siwtio nhw'u hunain.

Y llwncdestun i gloi felly? – I'r dyfodol, ac i deulu, ffrindiau a cherddoriaeth – ac nid seidir sydd yn y gwydr erbyn hyn, ond y siampên gore. Iechyd da bawb!